anos 60
marxismo/socialismo
contra ditaduras
escreveu novelas (telenovelas)

☒

exemplo = "ezemplo"

expectativa
"esipectativa"

Xingar = dizer palavras más (malas)
"shingar"

oxente
= "oshenchi"
quando uma palavra
termina em "m",
não cerra a boca!

pesada
"pezada"   também
física "fizica"   bem
                  bom
                  vem

instituções

igreja
candomblé   a obsessã.
imprensa. a mídia   obcecado(a)
a polícia   exame   =obsessed
o casamento   até a página 105
          quem disse isso? - 10 pts.
          resumo da acção num P breve - 40 pts.
          P sobre algum tema - 50 pts.

O PAGADOR
DE PROMESSAS

Do autor:

DIAS GOMES

O PAGADOR DE PROMESSAS

39ª edição

BERTRAND BRASIL

Copyright © 1987 *by* Dias Gomes

Capa: Raul Fernandes

Editoração eletrônica: Imagem Virtual Editoração Ltda.

2003
Impresso no Brasil
Printed in Brazil

CIP-Brasil. Catalogação-na-fonte
Sindicato Nacional dos Editores de Livros, RJ.

G612p
39ª ed.
	Gomes, Dias, 1922-1999
	   O pagador de promessas / Dias Gomes. – 39ª ed. – Rio de Janeiro: Bertrand Brasil, 2003.
	   176p.
	
	ISBN 85-286-0317-2
	
	   1. Teatro brasileiro (Literatura). I. Título.

96-1724	CDD – 869.92 CDU – 869.0(81)-2

Todos os direitos reservados pela
EDITORA BERTRAND BRASIL LTDA.
Rua Argentina, 171 – 1º andar – São Cristóvão
20921-380 – Rio de Janeiro – RJ
Tel.: (0XX21) 2585-2070 – Fax: (0XX21) 2585-2087

Atendemos pelo Reembolso Postal.

Para Janete, com amor.
Para Pascoal Longo
e Edison Carneiro.

O PAGADOR DE PROMESSAS
obteve os seguintes prêmios:

Prêmio Nacional de Teatro, 1960 (INL)
Prêmio Governador do Estado, 1960 (São Paulo)
Prêmio Melhor Peça Brasileira, 1960 (A.P. C.T.)
Prêmio "Padre Ventura", 1962 (C.I.C.T.)
Prêmio Melhor Autor Brasileiro, 1962 (A.B.C.T.)
Prêmio Governo do Estado da Guanabara, 1962
Laureada no III Festival Internacional de Teatro, em Kalsz,
Polônia.

Em versão cinematográfica:
"Palma de Ouro", do Festival de Cannes, 1962
1º Prêmio do Festival de S. Francisco (EUA)
"Critic's Award", do Festival de Edimburgo, Escócia, 1962
1º Prêmio do Festival da Venezuela, 1962
Laureada no Festival de Acapulco, México, 1962
Prêmio "Saci", 1962 (São Paulo)
Prêmio Governador do Estado, 1962 (São Paulo)
Prêmio Cidade de São Paulo, 1962
Prêmio Humberto Mauro

Em versão para TV:
Prêmio Fipa de Prata — Cannes, 1988

Prefácio

Aqueles que se comovem com a ternura de *O Idiota*, de Dostoievski; aqueles que sentem o desamparo de *Woyzeck*, de Buchner; aqueles que sabem como é difícil afirmar-se a pureza e a inocência num mundo dominado pelas maquinações da linguagem — vão sofrer com o destino de Zé-do-Burro e aplaudir a profunda humanidade da peça *O Pagador de Promessas*. O dramaturgo Dias Gomes impõe-se como um dos talentos mais legítimos do teatro brasileiro, anunciando sua revelação uma obra de rara qualidade. Agrada ao crítico surpreender num texto de teatro o verdadeiro ficcionista, que alia à virtude da criação de uma ótima estória o domínio dos meios cênicos.

Imaginem um homem que, para cumprir uma promessa, divide seu sítio com os lavradores pobres e carrega uma cruz no percurso de sete léguas, com o objetivo de depositá-la no interior de uma igreja de Santa Bárbara. Como o padre não lhe permite o ingresso no templo, Zé-do-Burro, depois que é obrigado a esperar longamente que o abram, obstina-se em permanecer diante da porta, na esperança de que se convençam de seus propósitos santificados.

A dúvida religiosa era simples: a promessa fora feita a Iansã, figura da crendice popular, que, embora sinônimo de Santa Bárbara, não participa exatamente da hagiografia cristã. O incidente criado assume, com o correr das horas, as proporções da cidade, e o pacato Zé-do-Burro torna-se vítima de uma tragédia, tanto no sentido das notas policiais da imprensa, como no técnico, dado ao gênero teatral. Uma bala precipitada liquida-o, ao fim do conflito. No mesmo espírito irônico manipulado pelos trágicos gregos, Zé-do-Burro, que não conseguira entrar vivo na igreja, é transportado morto ao seu interior, em cima da cruz que pretendera carregar. Mas é natural que se indague: por que o herói fez tão estranha promessa? Por que teima em cumpri-la até o fim, apesar de ter sido desobrigado por um ministro da Igreja? A resposta espantará, talvez, pela simplicidade: Zé-do-Burro quer agradecer a cura de Nicolau. Quem é Nicolau? Um burro, seu companheiro dileto, que não o largava hora nenhuma do dia ou da noite.

Não se considere ingênua ou inverossímil a trama, porque assenta num episódio estranho aos nossos hábitos civilizados. Zé-do-Burro é homem primário (simplório, se quiserem), natural do sertão da Bahia e pagando a promessa numa igreja de Salvador. Toda a sua psicologia (se se deve chamar psicologia, sem pedantismo, às suas reações de criatura essencialmente popular e destituída de raciocínio complexo) se define pela crença na intervenção sobrenatural, que não permite depois, da parte dele, recuo estratégico ou argumento sofista. Por nada deste mundo deixaria de cumprir o compromisso assumido com a santa. A figura patética e pungente de Zé-do-Burro, que tem inevitável feitio cômico aos olhos profanos, é a mola para a configuração do universo teatral da peça. O autor joga muito bem com a falta de defesa do herói, numa situação em que desde logo se avolumam outros interesses, para mostrar a desproteção do homem num mundo governado por forças que lhe são superiores. Acha-se implicado aí, sem dúvida, o próprio conceito de tragédia.

Os poderes que esmagam Zé-do-Burro não se definem como meros instrumentos opressores, mas têm a sua parte de razão, como convém a toda peça que não se satisfaz com a dicotomia vilões-herói. Estranhamente, são Rosa, sua mulher, e o padre, que pela investidura religiosa deveria melhor compreendê-lo, que traçam o caminho da perda de Zé-do-Burro. Os outros co-atores, que acabam por sufocar o protagonista, interpõem-se no entrecho em conseqüência da falha inicial deles. Não tivesse Rosa ingressado no mecanismo corrupto da cidade, defenderia com êxito o marido. Esquecesse o padre um pouco os preceitos teologais e se inspirasse verdadeiramente na caridade cristã, e evitaria que se consumasse a catástrofe. Está claro que *O Pagador de Promessas* constitui uma crítica ao formalismo clerical, que inscreve sob uma mesma rubrica problemas tão diferentes. O apego a certas aparências e o culto rigoroso da razão, em casos como o de Zé-do-Burro, tornam-se, inevitavelmente, formas de intolerância, embora tudo se faça para negá-la. Essa intolerância erige-se, na peça, em símbolo da tirania de qualquer sistema organizado contra o indivíduo desprotegido e só. Em favor da atitude dos sacerdotes (que estão desdobrados em padre e monsenhor, para estabelecer-se a unidade da Igreja), diz, antes de mais nada, a tentativa de desobrigar Zé-do-Burro da promessa, conciliando o interesse religioso com seu propósito obstinado. Desculpa o desfecho, ademais, a cegueira comum diante dos acontecimentos inapeláveis. A maioria de nossas ações ou omissões traz potencialmente o germe dos resultados fatais. O cotidiano incumbe-se de mergulhá-las no território imenso das possibilidades irrealizadas, acinzentando as cores que se anunciavam vigorosas. A indolência do coração provoca, quase sempre, apenas o sentimento indefinido de uma oportunidade que se perdeu, de um caminho que não se explorou, ou a idéia menos cômoda e pouco freqüente de um destino frustrado, quando não a total impermeabilidade à presença do outro. Se as circunstâncias conduzem à catástrofe — que é ainda exceção, apesar das ordens injustas que governam o mundo —, acorda-se já tarde, sem meios para sanar o processo destruidor. Aceita-se, por isso, que os ministros da Igreja, que não estão pintados como caricaturas da intolerância e da espessura mental, sejam o obstáculo à realização pacífica do herói.

Não é fácil aos comparsas de uma comédia pressentir que ela se dirige para o desfecho trágico.

As outras personagens, num texto que, pela sua natureza, precisaria fazer o levantamento de uma cidade, dificilmente fugiriam do epíteto de "máscaras". Vai aí um elogio e uma restrição. Restrição quanto a um aspeto: a prostituta Marli, o Bonitão, a Beata, o comerciante Galego, o Repórter e o Secreta, entre outros, não se individualizam, como alguns dos seus próprios nomes o indicam. Não se distinguem da generalidade de idênticos tipos, armazenados no lugar-comum da literatura. O autor serve-se das caracterizações amplas, que se bastam nos traços superficiais e estereotipados. O elogio decorre, paradoxalmente, desse procedimento: as personagens farsescas constituem um contraste com o destino trágico de Zé-do-Burro. Ora funcionando como coro, ora como veículo da perda do protagonista, formam o pano de fundo da coletividade, insensível ao drama do indivíduo. Sugerem, com razão, o comentário de Rosa: "Vocês todos querem ajudar... ajudam mas é a desgraçar a vida da gente." O inconseqüente "baile de máscaras" se transforma, à medida que a ação progride, numa dança sinistra à volta do herói.

Analisando-se o entrecho do ponto de vista moral, é obrigatória a conclusão segundo a qual todas as personagens são culpadas pela morte de Zé-do-Burro: a cidade inteira colabora no crime. Mesmo que a mulher e os sacerdotes sejam responsáveis num grau mais elevado, os figurantes anônimos, atraídos pela simples curiosidade, também contribuem para o desenlace, ao constituírem o cenário sem o qual as desavenças talvez se resolvessem em termos satisfatórios. Todos sabemos que as brigas alcançam maior gravidade na presença de testemunhas, instigadoras da vaidade e de outros sentimentos menores. A bisbilhotice também mata Zé-do-Burro. *O Pagador de Promessas* faz o inventário, com criteriosa seleção, das criaturas representativas do sistema opressor.

No mecanismo desencadeado, Zé-do-Burro serve de pretexto para as mais diferentes explorações. Em todas as esferas, repercute seu ânimo impávido. Bonitão vale-se do apego dele ao burro para roubar-lhe a mulher. O Galego está satisfeito com o movimento criado na praça, porque significa mais negócios para a sua venda. O Repórter encontra excelente matéria para a manchete de primeira página. Uma casa comercial fornece tenda e colchão, eficaz recurso publicitário que não se disfarça com a escusa de minorarem a canseira de Zé-do-Burro. O Secreta age contra ele, estimulado pelo dinheiro que lhe dá Bonitão. Adquire particular graça, nesse processo, o sensacionalismo deturpador da imprensa, personificada pelo Repórter. Depois de dirigir perguntas capciosas a Zé-do-Burro (respondidas com a inocência que, na visão deformada de quem lida com as diversas facetas do oportunismo, só pode parecer esperteza superior), fixa na seguinte manchete o tímido herói: "O novo Messias prega a Revolução." O burburinho fictício, criado à volta de Zé-do-Burro, lembra-nos a cruel história da fita *A Montanha dos Sete Abutres*.

Dá maior pungência à peça a simpatia que o espectador desde logo sente pelo herói. Dias Gomes foi hábil, tecnicamente, ao fazer que o público adotasse a perspectiva de Zé-do-Burro e se solidarizasse com ele, na melancólica jornada. Para alcançar esse resultado, coloca-o com a cruz, ao lado da mulher, no recesso da madrugada, longe ainda do alarido diurno. Podemos assim conhecer seus verdadeiros motivos, e com ele sofrer o absurdo do crime.

O problema atinge o pleno rendimento teatral pela concentração adotada. As unidades tradicionais eram imprescindíveis para que fosse compacta a impressão de esmagamento. Do círculo privado, transfere-se a ação para o público, permitindo essa passagem que o conflito, que em outras circunstâncias se tornaria rarefeito, alimente continuamente os três atos. A própria cruz ganha, com o progredir das cenas, o sentido simbólico dos objetos prosaicos e presenças desconcertantes do teatro de vanguarda, como em *Comment s'en Débarasser,* de Ionesco. Apenas aqui, acrescenta-se à trama o sabor irônico, por ser a cruz o objeto incômodo.

A capoeira, cuja utilização, numa peça passada em Salvador, poderia ser interpretada como desejo de pitoresco ou recurso ao folclórico, por falta de fôlego dramático, parece-nos justificável, na estrutura concebida. Além de ser dia de festa de Santa Bárbara, a multidão curiosa nunca se imobiliza num só sentimento. O interesse, a compaixão e a solidariedade alternam-se com o cansaço e a indiferença, e é plausível que, a certa altura, se deixe Zé-do-Burro completamente de lado, e, na pirotecnia gratuita dos movimentos lúdicos, até se tropece na cruz. A peça, entretanto, nunca se desvincula dos costumes regionais, e não envereda pela generalização abstratizante.

O diálogo vivo, seco, pontilhado de efeitos cômicos insuspeitados, as deixas curtas, dinamiza o entrecho para que ele flua com necessidade e vença a possível monotonia da situação, que se equaciona desde o início e não mais se altera. Certamente Dias Gomes não esgotou todas as virtualidades da história, e um pouco mais de carne sustentaria melhor a corporeidade cênica de algumas personagens. As virtudes do texto, contudo, são tão superiores que não cabe insistir nas deficiências.

Uma das qualidades literárias das melhores peças brasileiras de nossos dias está exatamente no despojamento das procuras rebuscadas e na transposição realista da *linguagem* das várias classes e dos grupos sociais. Esse caminho, iniciado em nosso moderno teatro por *Vestido de Noiva*, continuou em *A Moratória*, *A Compadecida* e *Eles não Usam Black-Tie*. *O Pagador de Promessas* inscreve-se nessa linha e traz novas fontes à tradição teatral que se vem criando, e de que esses textos fornecem as principais coordenadas.

SÁBATO MAGALDI
Suplemento Literário de
O Estado de S. Paulo, 23-7-1960.

Nota do Autor

O homem, no sistema capitalista, é um ser em luta contra uma engrenagem social que promove a sua desintegração, ao mesmo tempo que aparenta e declara agir em defesa de sua liberdade individual. Para adaptar-se a essa engrenagem, o indivíduo concede levianamente, ou abdica por completo de si mesmo. *O Pagador de Promessas* é a estória de um homem que não quis conceder — e foi destruído. Seu tema central é, assim, o mito da liberdade capitalista. Baseada no princípio da liberdade de escolha, a sociedade burguesa não fornece ao indivíduo os meios necessários ao exercício dessa liberdade, tornando-a, portanto, ilusória. Claro, há também a intolerância, o sectarismo, o dogmatismo, que fazem com que vejamos inimigos naqueles que, de fato, estão do nosso lado. Há, sobretudo, a falta de uma linguagem comum entre os homens. Tudo isso tornando impossível a dignidade humana. São peças da engrenagem homicida.

Como Zé-do-Burro, cada um de nós tem suas promessas a pagar. A Deus ou ao Demônio, a uma Idéia. Em uma palavra, à nossa própria necessidade de entrega, de afirmação. E cada um de nós tem pela frente o seu "Padre Olavo". Ele não é um símbolo de intolerância religiosa, mas de intolerância universal. Veste batina, podia vestir farda ou toga. É padre, podia ser dono de um truste. E Zé-do-Burro, crente do interior da Bahia, podia ter nascido em qualquer parte do mundo, muito embora o sincretismo religioso e o atraso social, que provocam o conflito ético, sejam problemas locais, façam parte de uma realidade brasileira. *O Pagador de Promessas* não é uma peça anticlerical — espero que isso seja entendido. Zé-do-Burro é trucidado não pela Igreja, mas por toda uma organização social, na qual somente o povo das ruas com ele confraterniza e a seu lado se coloca, inicialmente por instinto e finalmente pela conscientização produzida pelo impacto emocional de sua morte. A invasão final do templo tem nítido sentido de vitória popular e destruição de uma engrenagem da qual, é verdade, a Igreja, como instituição, faz parte.

O Pagador de Promessas é uma fábula. Sua estória é inteiramente imaginária, não obstante esteja toda ela construída sobre elementos folclóricos ou sociológicos que exprimem uma realidade. O sincretismo religioso que dá motivo ao drama é fato comum nas regiões brasileiras que, ao tempo da escravidão, receberam influências de cultos africanos. Não podendo praticar livremente esses cultos, procuravam os escravos burlar a vigilância dos senhores brancos, fingindo cultuar santos católicos, quando, na verdade, adoravam deuses nagôs. Assim, buscavam uma correspondência entre estes e aqueles — Oxalá (o maior dos orixás) identificou-se com Nosso Senhor do Bonfim, o santo de maior devoção da Bahia; Oxosse, deus da caça, achou o seu símile em São Jorge; Exu, orixá malfazejo, foi equiparado ao diabo cristão. E assim por diante. Por isso, várias festas católicas, na Bahia (como em vários estados do Brasil), estão impregnadas de fetichismo, com danças, jogos e cantos de origem africana. Entre elas a de Santa Bárbara (Iansã na mitologia negra), que serve de cenário ao drama. É evidente que a Igreja Católica reage a esse sincretismo. E a posição de Padre Olavo é perfeitamente lógica dentro dos princípios de defesa da religião cristã, muito embora revele uma intolerância também inerente a esse culto.

Mas o que nos interessa não é o dogmatismo cristão, a intolerância religiosa — é a crueldade de uma engrenagem social construída sobre um falso conceito de liberdade. Zé-do-Burro, por definição, é um homem livre. Por definição, apenas. O que nos importa é a exploração de que ele é vítima — exploração que constitui também um dos alicerces da sociedade em que vivemos.

O Pagador de Promessas nasceu, principalmente, dessa consciência que tenho de ser explorado e impotente para fazer uso da liberdade que, em princípio, me é concedida. Da luta que travo com a sociedade, quando desejo fazer valer o meu direito de escolha, para seguir o meu próprio caminho e não aquele que ela me impõe. Do conflito interior em que me debato permanentemente, sabendo que o preço da minha sobrevivência é a prostituição total ou parcial. Zé-do-Burro faz aquilo que eu desejaria fazer — morre para não conceder. Não se prostitui. E sua morte não é inútil, não é um gesto de afirmação individualista, porque dá consciência ao povo, que carrega o seu cadáver como bandeira.

D. G.

PERSONAGENS:

Zé-do-Burro

Josué Rosa

Marli

Bonitão

Padre

Sacristão

Guarda

Beata

Galego

Minha Tia

Repórter

Fotógrafo

Dedé Cospe-Rima

Secreta

Delegado

Mestre Coca

Monsenhor

Manuelzinho Sua-Mãe

e a Roda de Capoeira

AÇÃO: Salvador
ÉPOCA: atual

Primeiro Ato

PRIMEIRO QUADRO

Uma pequena praça, onde desembocam duas ruas. Uma à direita, seguindo a linha da ribalta, outra à esquerda, ao fundo, de frente para a platéia, subindo, enladeirada e sinuosa, no perfil de velhos sobrados coloniais. Na esquina da rua da direita, vemos a fachada de uma igreja relativamente modesta, com uma escadaria de quatro ou cinco degraus. Numa das esquinas da ladeira, do lado oposto, há uma vendola, onde também se vende café, refresco, cachaça etc.; a outra esquina da ladeira é ocupada por um sobrado cuja fachada forma ligeira barriga pelo acúmulo de andares não previsto inicialmente. O calçamento da ladeira é irregular e na fachada dos sobrados vêem-se alguns azulejos estragados pelo tempo. Enfim, é uma paisagem tipicamente baiana, da Bahia velha e colonial, que ainda hoje resiste à avalanche urbanística moderna.

Devem ser, aproximadamente, quatro e meia da manhã. Tanto a igreja como a vendola estão com suas portas cerradas. Vem de longe o som dos atabaques dum candomblé distante, no toque de Iansã. Decorrem alguns segundos até que Zé-do-Burro surja, pela rua da direita, carregando nas costas uma enorme e pesada cruz de madeira. A passos lentos, cansados, entra na pra-

20

ça, seguido de Rosa, sua mulher. Ele é um homem ainda moço, de 30 anos presumíveis, magro, de estatura média. Seu olhar é morto, contemplativo. Suas feições transmitem bondade, tolerância e há em seu rosto um "quê" de infantilidade. Seus gestos são lentos, preguiçosos, bem como sua maneira de falar. Tem barba de dois ou três dias e traja-se decentemente, embora sua roupa seja mal talhada e esteja amarrotada e suja de poeira. Rosa parece pouco ter de comum com ele. É uma bela mulher, embora seus traços sejam um tanto grosseiros, tal como suas maneiras. Ao contrário do marido, tem "sangue quente", revelando, logo à primeira vista, uma insatisfação sexual e uma ânsia recalcada de romper com o ambiente em que se sente sufocar. Veste-se como uma provinciana que vem à cidade, mas também como uma mulher que não deseja ocultar os encantos que possui.

Zé-do-Burro vai até o centro da praça e aí pousa a sua cruz, equilibrando-a na base e num dos braços, como um cavalete. Está exausto. Enxuga o suor da testa.

ZÉ

(Olhando a igreja.) É essa. Só pode ser essa.

Rosa pára também, junto aos degraus, cansada, enfastiada e deixando já entrever uma revolta que se avoluma.

ROSA

E agora? Está fechada.

ZÉ

É cedo ainda. Vamos esperar que abra.

ROSA

Esperar? Aqui?

21

ZÉ

Não tem outro jeito.

ROSA

(Olha-o com raiva e vai sentar-se num dos degraus. Tira o sapato.) Estou com cada bolha d'água no pé que dá medo.

ZÉ

Eu também. *(Num ricto de dor, despe uma das mangas do paletó.)* Acho que os meus ombros estão em carne viva.

ROSA

Bem feito. Você não quis botar almofadinhas, como eu disse.

ZÉ

(Convicto.) Não era direito. Quando eu fiz a promessa, não falei em almofadinhas.

ROSA

Então: se você não falou, podia ter botado; a santa não ia dizer nada.

ZÉ

Não era direito. Eu prometi trazer a cruz nas costas, como Jesus. E Jesus não usou almofadinhas.

ROSA

Não usou porque não deixaram.

ZÉ

Não, nesse negócio de milagres, é preciso ser honesto. Se a gente embrulha o santo, perde o crédito. De outra vez o santo olha, consulta lá os seus assentamentos e diz: —Ah, você é o Zé-do-Burro, aquele que já me passou a perna! E agora vem me fazer nova promessa. Pois vá fazer promessa pro diabo que o carregue, seu caloteiro duma figa! E tem mais: santo é como gringo, passou calote num, todos os outros ficam sabendo.

ROSA

Será que você ainda pretende fazer outra promessa depois desta? Já não chega?...

ZÉ

Sei não... a gente nunca sabe se vai precisar. Por isso, é bom ter sempre as contas em dia.
Ele sobe um ou dois degraus. Examina a fachada da igreja à procura de uma inscrição.

ROSA

Que é que você está procurando?

ZÉ

Qualquer coisa escrita... pra gente saber se essa é mesmo a Igreja de Santa Bárbara.

ROSA

E você já viu igreja com letreiro na porta, homem?

ZÉ

É que pode não ser essa.

ROSA

Claro que é essa. Não lembra o que o vigário disse? Uma igreja pequena, numa praça, perto duma ladeira...

23

ZÉ

(Corre os olhos em volta.) Se a gente pudesse perguntar a alguém...

ROSA

Essa hora tá todo mundo dormindo. *(Olha-o quase com raiva.)* Todo mundo... menos eu, que tive a infelicidade de me casar com um pagador de promessas. *(Levanta-se e procura convencê-lo.)* Escute, Zé... já que a igreja está fechada, a gente podia ir procurar um lugar pra dormir. Você já pensou que beleza agora uma cama?...

ZÉ

E a cruz?

ROSA

Você deixava a cruz aí e amanhã, de dia...

ZÉ

Podem roubar...

ROSA

Quem é que vai roubar uma cruz, homem de Deus? Pra que serve uma cruz?

ZÉ

Tem tanta maldade no mundo. Era correr um risco muito grande, depois de ter quase cumprido a promessa. E você já pensou: se me roubassem a cruz, eu ia ter que fazer outra e vir de novo com ela nas costas da roça até aqui. Sessenta léguas.

ROSA

Pra quê? Você explicava à santa que tinha sido roubado, ela não ia fazer questão.

ZÉ

É o que você pensa. Quando você vai pagar uma conta no armarinho e perde o dinheiro no caminho, o turco perdoa a dívida? Uma ova!

ROSA

Mas você já pagou a sua promessa, já trouxe uma cruz de madeira da roça até à Igreja de Santa Bárbara. Está aí a Igreja de Santa Bárbara, está aí a cruz. Pronto. Agora, vamos embora.

ZÉ

Mas aqui não é a Igreja de Santa Bárbara. A igreja é da porta pra dentro.

ROSA

Oxente! Mas a porta está fechada e a culpa não é sua. Santa Bárbara deve saber disso, que diabo.

ZÉ

(Pensativo.) Só se eu falasse com ela e explicasse a situação.

ROSA

Pois então... fale!

ZÉ

(*Ergue os olhos para o céu, medrosamente, e chega a entreabrir os lábios, como se fosse dirigir-se à santa. Mas perde a coragem.*) Não, não posso.

ROSA

Por quê, homem?! Santa Bárbara é tão sua amiga... Você não está em dia com ela?

ZÉ

Estou, mas esse negócio de falar com santo é muito complicado. Santo nunca responde em língua de gente, não se pode saber o que ele pensa. E além do mais, isso também não é direito. Eu prometi levar a cruz até dentro da igreja, tenho que levar. Andei sessenta léguas. Não vou me sujar com a santa por causa de meio metro.

ROSA

E pra você não se sujar com a santa, eu vou ter que dormir no chão, no "hotel do padre". (*Olha-o com raiva e vai deitar-se num dos degraus da escada da igreja.*) E se tudo isso ainda fosse por alguma coisa que valesse a pena...

ZÉ

Você podia não ter vindo. Quando eu fiz a promessa, não falei em você, só na cruz.

ROSA

Agora você diz isso. Dissesse antes.

ZÉ

Não me lembrei. Você também não reclamou...

ROSA

Sou sua mulher. Tenho que ir pra onde você for.

ZÉ

Então...

Rosa ajeita-se da melhor maneira possível no degrau, enquanto Zé-do-Burro, não menos cansado do que ela, faz um esforço sobre-humano para não adormecer. Cochila, montando guarda à sua cruz. Subitamente, irrompem na praça Marli e Bonitão. Ela tem, na realidade, vinte e oito anos, mas aparenta mais dez. Pinta-se com algum exagero, mas mesmo assim não consegue esconder a tez amarelo-esverdeada. Possui alguns traços de uma beleza doentia, uma beleza triste e suicida. Usa um vestido muito curto e decotado, já um tanto gasto e fora de moda, mas ainda de bom efeito visual. Seus gestos e atitudes refletem o conflito da mulher que quer libertar-se de uma tirania que, no entanto, é necessária ao seu equilíbrio psíquico — a exploração de que é vítima por parte de Bonitão vem, em parte, satisfazer um instinto maternal frustrado. Há em seu amor e em seu aviltamento, em sua degradação voluntária, muito de sacrifício maternal, ao qual não falta, inclusive, um certo orgulho. Bonitão é insensível a tudo isso. Ele é frio e brutal em sua "profissão". Encara a exploração a que submete Marli e outras mulheres como um direito que lhe assiste, ou melhor, um dom que a natureza lhe concedeu, juntamente com seus atributos físicos. Em seu entender, sua beleza máscula e seu vigor sexual, aliados a um direito natural de subsistir, justificam plenamente seu modo de vida. É de estatura um pouco acima da média, forte e de pele trigueira, amulatada. A ascendência negra é visível, embora os cabelos sejam lisos, reluzentes de gomalina e os traços regulares, com exceção dos lábios grossos e sensuais e das narinas um tanto dilatadas. Veste-se sempre de branco, co-

27

larinho alto, sapatos de duas cores. Descem a ladeira, ela na frente, a passos rápidos. Ele a segue, como se viessem já de uma discussão.

BONITÃO

Espere. Não adianta andar depressa.

MARLI

É melhor discutirmos isso em casa.

BONITÃO

(Alcança-a e a obriga a parar torcendo-lhe violentamente o braço.) Não, vamos resolver aqui mesmo. Não tenho nada que discutir com você.

MARLI

(Livra-se dele com um safanão, mas seu rosto se contrai dolorosamente.) Estúpido!

BONITÃO

Ande, vamos deixar de mas-mas. Passe pra cá o dinheiro.

MARLI

(Tira do bolso do vestido um maço de notas e entrega a ele.) Não podia esperar até chegar em casa?

BONITÃO

(Conta as notas, rapidamente.) Só deu isto?

MARLI

Só. A noite hoje não foi boa. Você viu, o "castelo" estava vazio.

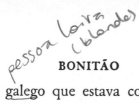

BONITÃO

E aquele galego que estava conversando com você quando cheguei?

MARLI

Um boa-conversa. Queria se fretar comigo. Ficou mangando a noite toda e não se revolveu...

BONITÃO

(Mete subitamente a mão no decote de Marli e tira de entre os seios uma nota.) Sua vaca!
Ele faz menção de dar-lhe um bofetão, ela corre e refugia-se atrás da cruz. Zé-do-Burro desperta de sua semi-sonolência.

MARLI

Eu precisava desse dinheiro. Pra pagar o quarto, você sabe.

BONITÃO

Não gosto de ser tapeado. Por que não pediu?

MARLI

E você dava?

BONITÃO

Claro que não. *(Guarda o dinheiro na carteira.)* Isso ia fazer falta no meu orçamento. Tenho compromissos e você bem sabe que não gosto de pedir dinheiro emprestado. É uma questão de feitio.

MARLI

E eu, que faço pra pagar o quarto? Já devo dois meses e a dona anda me olhando atravessado.

29

BONITÃO

(Indiferente.) É um problema seu. Tenho muita coisa em que pensar.

MARLI

Eu sei, eu sei no que você pensa...

BONITÃO

(Sorri e há em seu sorriso uma sombra de ameaça.) Penso, por exemplo, que você, de três meses pra cá, está fazendo muito pouco. A Matilde está fazendo quase o dobro...

MARLI

(Compreende a ameaça, avança para ele sacudida pelo ciúme e pelo receio de perdê-lo.) Eu sei, você está dando em cima daquela arreganhada. Ela mesma anda dizendo.

BONITÃO

Eu não dou em cima de mulher nenhuma, você sabe disso. É uma questão de princípios.

MARLI

Quer dizer que é ela quem está dando em cima de você!

BONITÃO

Ela perguntou se eu estava precisando de dinheiro.

MARLI

(Ansiosamente.) E você?...

BONITÃO

Eu só pedi umas informações de ordem técnica: arrecadação diária etc.

income

MARLI

(Agarra-o freneticamente pelos braços.) Bonitão, você não aceitou o dinheiro dela, aceitou?! Você não aceitou o dinheiro daquela vagabunda!

BONITÃO

(Olha-a friamente.) E que tinha, se aceitasse? Eu também preciso viver.

MARLI

O que eu lhe dou não chega?

BONITÃO

Você compreende, eu também tenho ambições. Se eu não tivesse qualidades, bem. Mas eu sei que tenho qualidades. É justo que viva de acordo com essas qualidades.

MARLI

Mas o que lhe falta? Eu não tenho lhe dado tudo que você me pede? Se for preciso, dou mais ainda. Não pense que é por medo de que você me largue pela Matilde, não. *(Alisa sua roupa e admira-o, maternalmente.)* É porque tenho prazer em ver você vestido com a roupa que eu dei, com os sapatos que eu comprei e com a carteira recheada de notas que eu ganhei pra você. Tenho orgulho, sabe?

BONITÃO

(Desvencilha-se dela.) Pois então veja se na próxima vez não esconde dinheiro no decote. Tenho certeza de que a Matilde não é capaz de um gesto feio desses.

MARLI

Ela é capaz de coisas muito piores. Se você quiser, eu lhe conto...

BONITÃO

(Bruscamente.) Não quero ouvir nada. Quero é que você vá pra casa.

MARLI

(Decepcionada.) Você não vai comigo?

BONITÃO

Não, vou ficar um pouco mais por aqui. Vá na frente que daqui a pouco eu apareço por lá.

MARLI

(Enciumada.) E o que é que você vai ficar fazendo na rua a uma hora dessas?

BONITÃO

(Com muita seriedade.) Ora, mulher, eu preciso trabalhar! *(Acende um cigarro, abstraindo-se da presença de Marli, que o fita como a um cão escorraçado pelo dono. Só então este se mostra intrigado com a cruz no meio da praça. Examina-a curiosamente e por fim dirige-se a Zé-do-Burro.)* É sua?

Zé balança a cabeça em sinal afirmativo. Marli vai até à escada da igreja, senta-se num degrau, sem se incomodar com

32

Rosa, deitada mais acima, tira os sapatos e movimenta os dedos doloridos.

BONITÃO

(Nota a igreja, faz uma associação de idéias.) Encomenda?

ZÉ

[handwritten: delivery]

Não, promessa.

BONITÃO

(A princípio parece não entender, depois ri.) Gozado.

ZÉ

Não acho.

BONITÃO

Não falei por mal. Eu também sou meio devoto. Até uma vez fiz promessa pra Santo Antônio... [handwritten: de Padua] [handwritten: Santo do Casamento]

ZÉ

Casamento?

BONITÃO

Não, ela era casada.

ZÉ

E conseguiu a graça?

BONITÃO

Consegui. O marido passou uma semana viajando...

ZÉ

E o senhor pagou a promessa?

BONITÃO

Não, pra não comprometer o santo.

ZÉ

Nunca se deve deixar de pagar uma promessa. Mesmo quando é dessas de comprometer o santo. Garanto que da próxima vez Santo Antônio vai se fingir de surdo. E tem razão.

BONITÃO

O senhor compreende, Santo Antônio ia ficar mal se soubessem que foi ele quem fez o trouxa viajar. *(Nota que Marli ainda não se foi.)* Que é que você ainda está fazendo aí?

MARLI

Esperando você.

BONITÃO

(Vai a ela.) Já lhe disse que vou depois. Vai ficar agora grudada em mim?

MARLI

(Levanta-se.) Escute, Bonitão... você não podia deixar eu ficar ao menos com aquela nota?

BONITÃO

Já lhe disse que não. Não insista.

MARLI

Mas eu preciso pagar o quarto!

BONITÃO

O quarto é seu, não é meu.

MARLI

Mas o dinheiro é meu. É justo que eu fique ao menos com algum.

BONITÃO

É justo por quê?

MARLI

Porque fui eu que trabalhei.

BONITÃO

E desde quando trabalhar dá direito a alguma coisa? Quem lhe meteu na cabeça essas idéias? *(Olha-a de cima a baixo, com desconfiança.)* Está virando comunista?

Marli fita-o com ódio e sai bruscamente pela direita. Bonitão acompanha-a com o olhar e depois sorri, tira o dinheiro do bolso e torna a contá-lo.

ZÉ

(Candidamente.) Esse dinheiro... é dela mesmo?

BONITÃO

(Guarda o dinheiro.) Bem, esta é uma maneira de olhar as coisas. E toda coisa tem pelo menos duas maneiras de ser olhada. Uma de lá pra cá, outra, de cá pra lá. Entendeu?

ZÉ

Não...

BONITÃO

Não vale a pena explicar. É uma questão de sensibilidade.

ZÉ

O senhor é... marido dela?

BONITÃO

Não, sou assim uma espécie de fiscal do imposto de renda. *(Sobe, como se fosse sair, mas se detém diante de Rosa, cujo vestido, levantado, deixa ver um palmo de coxa.)*

ROSA

(Abre os olhos, sentindo que está sendo observada.) Que é?

BONITÃO

Nada... estava só olhando...
Rosa conserta o vestido.

BONITÃO

Não deve ser lá muito confortável essa cama...
Rosa olha-o com raiva.

BONITÃO

(Olha-a mais detidamente.) E olhe que você bem merece coisa melhor.

ROSA

Diga isso a ele. *(Aponta Zé-do-Burro.)*

BONITÃO

A ele?

ROSA

Meu marido.

36

BONITÃO

Ah, você também veio pagar promessa...

ROSA

Eu não, ele. E por causa dele estou dormindo aqui, no batente de uma igreja, como qualquer mendiga. *(Senta-se.)*

ZÉ

Não deve faltar muito para abrir a igreja. O senhor sabe que horas são?

BONITÃO

(Consulta o relógio.) Um quarto para as cinco.

ZÉ

Sabe a que horas abre a igreja?

BONITÃO

Não, não é bem o meu ramo.

ZÉ

Mas às seis horas deve ter missa. Hoje é dia de Santa Bárbara...

ROSA

(Ressentida.) Às seis horas. Tenho que agüentar mais de uma hora ainda neste batente duro. E a promessa não é minha!

BONITÃO

É capaz da porta da sacristia já estar aberta.

quarto do
sacerdote

ZÉ

O senhor acha?

BONITÃO

Padre acorda cedo.

ZÉ

Às cinco horas?

BONITÃO

Então; tem que se preparar para a missa das seis

ZÉ

É verdade.

BONITÃO

Por que o senhor não vai ver?

ZÉ

É... *(Hesita um pouco.)*

BONITÃO

A porta é do lado de lá.

ZÉ

Rosa, você vigia a cruz, eu vou dar a volta, não demoro *(Sai.)*

BONITÃO

Pode ir sem susto que eu ajudo a tomar conta de sua cruz. *(Depois que Zé-do-Burro sai.)* Das duas.

ROSA

Só que uma ele carrega nas costas e a outra... se quiser que vá atrás dele. *(Levanta-se.)*

BONITÃO

E você não é mulher para andar atrás de qualquer homem... Ao contrário, é uma cruz que qualquer um carrega com prazer.

ROSA

(Com recato, mas no fundo envaidecida.) Ora, me deixe.

BONITÃO

Palavra. Seu marido não lhe faz justiça. Isso não é trato que se dê a uma mulher, mesmo sendo mulher da gente.

ROSA

Se ele faz pouco de mim, faz pouco do que é dele.

BONITÃO

Não discuto. Só acho que você não é mulher para dormir em batente de igreja. Tem qualidades pra exigir mais: boa cama, com colchão e melhor companhia.

ROSA

Não fale em cama pra quem tem o corpo moído, como eu.

BONITÃO

Tão cansada assim?

ROSA

Duas noites sem dormir, sessenta léguas no calcanho.

BONITÃO

Sessenta léguas? Quantos quilômetros?

ROSA

Sei lá... Só sei que sete vezes amaldiçoei aquele dia em que fui roubar caju com ele na roça dos padres.

BONITÃO

Ah, foi assim...

ROSA

A gente faz cada besteira.

BONITÃO

Quanto tempo faz ?

ROSA

Oito anos.

BONITÃO

E você casou com ele?

ROSA

Casei.

BONITÃO

Sem gostar?

ROSA

(Depois de um tempo.) Gostava, sim. Sabe, na roça, o homem é feio, magro, sujo e mal vestido. Ele até que era dos melhores. Tinha um sítio...

40

BONITÃO

E daí?

ROSA

Daí, eu achei que ele garantia tudo que eu queria da vida: homem e casa. A gente quando é franga, com licença da palavra, tem merda na cabeça. *[jovem]*

BONITÃO

(Algo interessado.) Ele tem um sítio, é?

ROSA

Tinha, agora tem só um pedaço. Dividiu o resto com os lavradores pobres.

BONITÃO

Por quê?

ROSA

Fazia parte da promessa.

BONITÃO

Que é que está esperando? Virar santo?

ROSA

Não brinque. Pelo caminho tinha uma porção de gente querendo que ele fizesse milagre. E não duvide. Ele é capaz de acabar fazendo. Se não fosse a hora, garanto que tinha uma romaria aqui, atrás dele. *[tão temprano]*

[peregrinação]
[(pilgramage)] **BONITÃO**

Depois de cumprir a promessa, ele vai voltar pra roça?

[o mulher tem que seguir ao homem]

ROSA

Vai.

BONITÃO

E você?

ROSA

Também. Por quê?

BONITÃO

Se você viesse pra cidade, eu podia lhe garantir um bonito futuro...

ROSA

Fazendo o quê?

BONITÃO

Isso depois se via.

ROSA

Eu não sei fazer nada.

BONITÃO

(Segura-a por um braço.) Mulheres como você não precisam saber coisa alguma, a não ser o que a natureza ensinou...

Rosa puxa o braço bruscamente, depois de manter, por alguns segundos, um olhar de desafio.

ROSA

Não faça isso! Ele pode voltar de repente.

BONITÃO

Ele deve ter ido acordar o padre. *(Volta a aproximar-se dela.)*

ROSA

(Desvencilha-se dele novamente.) Me solte. *(Volta a sentar-se na escada.)* Eu queria era dormir. Dava a vida por uma cama, com um lençol branco, e uma bacia d'água quente onde meter os pés.

BONITÃO

Eu posso lhe arranjar um hotelzinho aqui perto.
Rosa lança-lhe um olhar hostil.

BONITÃO

Isso sem segundas intenções, só pra você dormir, descansar dessa romaria.

ROSA

Não quero me meter em encrencas.

BONITÃO

Não há nenhum perigo de encrenca. Sou muito cotado com o porteiro do hotel e tenho boas relações com a polícia. Nesta zona, todos respeitam o Bonitão.

ROSA

(Quase sensualmente.) Bonitão...

BONITÃO

(Vaidoso.) É um apelido.

43

ROSA

(Olha-o de cima a baixo.)

BONITÃO

(Senta-se junto dela.)

ROSA

Não chegue perto, estou muito suada.

BONITÃO

No hotel tem banheiro. Para quem andou sete léguas, um banho de chuveiro e depois uma cama com colchão de mola...

ROSA

Colchão de mola mesmo?

BONITÃO

Então...

ROSA

Nunca dormi num colchão de mola. Deve ser bom.

BONITÃO

Uma delícia.
Entra Zé-do-Burro pela direita. Bonitão levanta-se.

ZÉ

Tudo fechado. Tem jeito não.

ROSA

(Revoltada.) E eu que agüente este batente duro até Deus sabe lá que horas.

44

ZÉ

Paciência, Rosa. Seu sacrifício fica valendo.

ROSA

Pra quem? Pra Santa Bárbara? Eu não fiz promessa nenhuma.

ZÉ

Oxente! Melhor ainda. Amanhã, quando você fizer, a santa já está lhe devendo.

ROSA

Nunca vi santo pagar dívida. *(Volta a deitar-se no degrau.)*

BONITÃO

(Assumindo um ar tão eclesiástico quanto possível.) A senhora não faz mal em ser tão descrente. Quem sabe se Santa Bárbara já não está providenciando o pagamento dessa dívida? E quem sabe se não escolheu a mim pra pagador?

ZÉ

(Muito ingenuamente.) O *senhor* não era fiscal do imposto de renda? Agora é pagador de Santa Bárbara...

BONITÃO

Meu caro, com o custo de vida aumentando dia a dia, a gente tem que se virar. Mas não é esse o caso. Digo que Santa Bárbara já deve estar tratando de liquidar o débito hoje contraído com sua senhora porque me fez passar por aqui esta noite.

45

ZÉ

Não vejo nada demais nisso.

BONITÃO

Porque o senhor não sabe que eu posso, em cinco minutos, arranjar uma boa cama, com colchão de mola, num hotel perto daqui.

ZÉ

Pra ela?

BONITÃO

E pro senhor também.

ZÉ

Eu não posso. Tenho que esperar abrir a igreja. Se soubesse que não iam roubar a cruz...

BONITÃO

(Rapidamente.) Oh, não, a cruz não deve ficar sozinha. Esta zona está cheia de ladrões. A cruz é de madeira e a madeira está caríssima.

ZÉ

É o que eu acho. Não devo sair daqui.

BONITÃO

Mas eu posso ficar tomando conta, enquanto o senhor e sua senhora vão descansar.

ZÉ

O senhor?

46

BONITÃO

E por que não?

ZÉ

Mas a igreja pode demorar a abrir. Pelo menos uma hora ainda.

BONITÃO

Eu espero. Sua esposa me contou a caminhada que fizeram, o senhor carregando nas costas essa cruz através de léguas e léguas, para cumprir uma promessa. Isso me comoveu.

ZÉ

Mas não é justo. Não foi o senhor que fez a promessa.

ROSA

Ele está querendo ajudar, Zé.

ZÉ

Mas não é direito. Eu prometi cumprir a promessa sozinho, sem ajuda de ninguém. E essa história de dormir no hotel não está no trato.

BONITÃO

E sua senhora está no trato?

ZÉ

Rosa? Não, ela pode ir.

BONITÃO

Nesse caso, se quiser que eu leve sua senhora... Ao menos ela descansa enquanto espera pelo senhor.

embrulha

ZÉ

Você quer, Rosa? Quer ir esperar por mim no hotel? *(Volta-se para Bonitão.)* É hotel decente?

BONITÃO

(Fingindo-se ofendido.) Ora, o senhor acha que eu ia indicar...

ZÉ

Desculpe, é que sempre ouvi dizer que aqui na cidade...

BONITÃO

Pode confiar em mim.

ZÉ

É longe daqui?

BONITÃO

Não, basta subir aquela ladeira...

ZÉ

Que é que você diz, Rosa?

ROSA

(Percebendo o jogo de Bonitão.) Quero não, Zé. Prefiro ficar aqui com você.

ZÉ

Inda agora mesmo você estava se queixando.

BONITÃO

Não é pra menos. Deve estar exausta. Sessenta léguas.

ZÉ

Afinal de contas, você tem razão, a promessa é minha, não é sua. Vá com o moço, não tenha acanhamento.

BONITÃO

Eu vou com ela até lá, apresento ao porteiro, que é meu conhecido — sim, porque uma mulher sozinha, o senhor sabe, eles não deixam entrar —, depois volto para lhe dizer o número do quarto. Daqui a pouco, depois de cumprir a sua promessa, o senhor vai pra lá.

ZÉ

Se o senhor fizesse isso, era um grande favor. Eu não posso me afastar daqui.

BONITÃO

Nem deve. Primeiro, Santa Bárbara.

ROSA

Zé, é melhor eu ficar com você.

ZÉ

Pra quê, Rosa? Assim você vai logo descansar numa boa cama, não precisa ficar aí deitada nesse batente frio.

BONITÃO

Um perigo! Pode pegar uma pneumonia.

ROSA

(Inicia a saída. Pára, hesitante. Pressente o perigo que vai correr. Procura, com o olhar, fazer Zé-do-Burro compreender o seu receio.) Zé...

ZÉ

Ah, sim. *(Enfia a mão no bolso, tira um maço de notas.)*
Pode ser que precise pagar adiantado...

ROSA

*(Recebe o dinheiro. Magoada com a falta de ciúmes do
marido.)* Talvez seja melhor, depois de entregar a cruz, você
mandar também rezar uma missa em ação de graças...

ZÉ

(Levando a sério a sugestão.) É, não é má idéia.
Rosa sobe a ladeira e Bonitão a segue.

BONITÃO

(Saindo.) Volto num minuto.

ZÉ

Está bem.
*Senta-se ao pé da cruz e procura uma maneira de apoiar
o corpo sobre ela. Aos poucos, é vencido pelo sono. As luzes se
apagam em resistência.*

SEGUNDO QUADRO

*As luzes voltam a acender-se, lentamente, até dia claro.
Ouvem-se, distante, ruídos esparsos da cidade que acorda. Um
ou outro buzinar, foguetes estouram saudando Iansã, a Santa
Bárbara nagô, e o sino da igreja começa a chamar para a missa
das seis. Mas nada disso acorda Zé-do-Burro. Entra, pela ladeira, a Beata. Toda de preto, véu na cabeça, passinho miúdo, vem
apressada, como se temesse chegar atrasada. Passa por Zé-do-
Burro e a cruz sem notá-los. Pára diante da escada e resmunga.**

BEATA

Porta fechada. É sempre assim. A gente corre, com medo de chegar atrasada, e quando chega aqui a porta está
fechada. Por que não abrem primeiro a porta, pra depois
tocar o sino? Não, primeiro tocam o sino, depois abrem a
porta. Isso é esse sacristão. *(Pára de resmungar ao ver a cruz.
Ajeita os óculos, como se não acreditasse no que está vendo.
Aproxima-se e examina detalhadamente a cruz e o seu dono*

---

* Fica a critério da direção utilizar neste quadro figurantes que descerão a ladeira e
entrarão na igreja.

adormecido. Sua expressão é da maior estranheza.) Virgem Santíssima!

   Neste momento, abre-se a porta da igreja e surge o Sacristão. É um homem de perto de cinqüenta anos. Sua mentalidade, porém, anda aí pelos quatorze. Usa óculos de grossas lentes, é míope. O cabelo teima em cair-lhe na testa, acentuando a aparência de retardado mental. Ele parece bêbedo de sono. Boceja largamente, ruidosamente, depois de abrir a primeira banda da porta. Espreguiça-se e solta um longo gemido. Depois que abre toda a porta, encosta-se por um momento no portal e cochila, sem dar pela Beata, que se aproxima.

BEATA

(Dá-lhe uma leve cotovelada.) Ei, rapaz...

SACRISTÃO

(Desperta muito assustado.) Sim, padre, já vou!...

BEATA

Que padre coisa nenhuma.

SACRISTÃO

Ah, é a senhora...

BEATA

Vou me queixar ao Padre Olavo dessa sua mania de bater o sino antes de abrir a porta da igreja. Eu ouço o toque, venho pondo as tripas pela boca, chego aqui, e a porta ainda está fechada.

SACRISTÃO

Também por que a senhora vem logo na missa das seis? Por que não vem mais tarde?

52

Porque quero. Porque não é da sua conta. *(Aponta para a cruz.)* Que é isso?

SACRISTÃO

Isso o quê?

BEATA

Está vendo não? Uma cruz enorme no meio da praça...

SACRISTÃO

(Apura a vista.) Ah, sim... agora percebo... É uma cruz de madeira... e parece que há um homem dormindo junto dela.

BEATA

Vista prodigiosa a sua! Claro que é uma cruz de madeira e que há um homem junto dela. O que eu quero saber é a razão disso.

SACRISTÃO

Não sei. Como quer que eu saiba? Por que a senhora não pergunta a ele?

BEATA

(Bruscamente.) Eu é que não vou perguntar coisa nenhuma!

SACRISTÃO

Talvez ele tenha desgarrado da procissão.

BEATA

Que procissão? De Santa Bárbara? A procissão ainda não saiu. E já viu alguém carregar cruz em procissão? Nem na do Senhor Morto. *(Benze-se e entra apressadamente na igreja.)*

O Sacristão aproxima-se de Zé-do-Burro, curioso. É quando entra Bonitão, pela ladeira. Ele vê a igreja aberta, estranha.

BONITÃO

Oxente...

SACRISTÃO

(Olha-o aparvalhado.) É uma cruz mesmo...

BONITÃO

E que pensou você que fosse? Um canhão? *(Aproxima-se de Zé-do-Burro.)* Sono de pedra... Não acordou nem com os foguetes de Santa Bárbara. Dizem que é assim que dormem as pessoas que têm a consciência tranqüila e a alma leve. *(Cínico.)* Eu também sou assim, quando caio na cama é um sono só. *(Sacode Zé-do-Burro.)* Camarado... oh, meu camarado!

ZÉ

(Desperta.) Oh, já é dia...

BONITÃO

Já. E a igreja já está aberta, você pode entregar o carreto.

ZÉ

(Levanta-se, com dificuldade, os músculos adormecidos e doloridos.) É verdade...

BONITÃO

Eu voltei aqui pra lhe dizer o número do quarto de sua mulher. É o 27. Um bom quarto, no segundo andar. *(Apressadamente.)* Pelo menos foi o que o porteiro me garantiu.

ZÉ

Ah, obrigado.

BONITÃO

O hotel é aquele ali, o primeiro, logo depois de subir a ladeira e dobrar à direita. Hotel Ideal. Eu demorei um pouco porque fiquei jogando damas com o porteiro.

SACRISTÃO

(Interessado.) Ganhou?

BONITÃO

Empatamos.

SACRISTÃO

Ah, eu também sou louco por damas!

BONITÃO

(Examina-o de cima a baixo.) Francamente, ninguém diz...

Padre Olavo surge na porta da igreja.

SACRISTÃO

(Como se tivesse sido surpreendido em falta.) Padre Olavo!...

ZÉ

Preciso falar com ele.

O Sacristão dirige-se apressadamente à igreja. Pára na porta, ante o olhar intimidador de Padre Olavo. É um padre moço ainda. Deve contar, no máximo, quarenta anos. Sua convicção religiosa aproxima-se do fanatismo. Talvez, no fundo, isto seja uma prova de falta de convicção e uma autodefesa. Sua intolerância — que o leva, por vezes, a chocar-se contra princípios de sua própria religião e a confundir com inimigos aqueles que estão de seu lado — não passa, talvez, de uma couraça com que se mune contra uma fraqueza consciente.

PADRE

(Para o Sacristão.) Que está fazendo aí?

SACRISTÃO

(À guisa de defesa.) Estava conversando com aqueles homens.

PADRE

E eu lá dentro à sua espera para ajudar à missa. (Repara em Bonitão e Zé-do-Burro.) Quem são?

SACRISTÃO

Não sei. Um deles quer falar com o senhor.

ZÉ

(Adianta-se.) Sou eu, padre. (Inclina-se, respeitoso, e beija-lhe a mão.)

PADRE

Agora está na hora da missa. Mais tarde, se quiser…

ZÉ

É que eu vim de muito longe, padre. Andei sessenta léguas.

PADRE

Sessenta léguas? Para falar comigo?

ZÉ

Não, pra trazer esta cruz.

PADRE

(Olha a cruz, detidamente.) E como a trouxe, num caminhão?

ZÉ

Não, padre, nas costas.

SACRISTÃO

(Expandindo infantilmente a sua admiração.) Menino!

PADRE

(Lança-lhe um olhar enérgico.) Psiu! Cale a boca! *(Seu interesse por Zé-do-Burro cresce.)* Sessenta léguas com essa cruz nas costas. Deixe ver seu ombro.

Zé-do-Burro despe um lado do paletó, abre a camisa e mostra o ombro. O Sacristão espicha-se todo para ver e não esconde a sua impressão.

SACRISTÃO

Está em carne viva!

PADRE

(Parece satisfeito com o exame.) Promessa?

ZÉ

(Balança afirmativamente a cabeça.) Pra Santa Bárbara. Estava esperando abrir a igreja...

SACRISTÃO

Deve ter recebido dela uma graça muito grande!
O Padre faz um gesto nervoso para que o Sacristão se cale.

ZÉ

Graças a Santa Bárbara a morte não levou o meu melhor amigo.

PADRE

(O Padre parece meditar profundamente sobre a questão.) Mesmo assim, não lhe parece um tanto exagerada a promessa? E um tanto pretensiosa também?

ZÉ

Nada disso, seu padre. Promessa é promessa. É como um negócio. Se a gente oferece um preço, recebe a mercadoria, tem que pagar. Eu sei que tem muito caloteiro por aí. Mas comigo, não. É toma lá, dá cá. Quando Nicolau adoeceu, o senhor não calcula como eu fiquei.

PADRE

Foi por causa desse... Nicolau, que você fez a promessa?

ZÉ

Foi. Nicolau foi ferido, seu padre, por uma árvore que caiu, num dia de tempestade.

SACRISTÃO

Santa Bárbara! A árvore caiu em cima dele?!

ZÉ

Só um galho, que bateu de raspão na cabeça. Ele chegou em casa escorrendo sangue de meter medo! Eu e minha mulher tratamos dele, mas o sangue não havia meio de estancar.

PADRE

Uma hemorragia.

ZÉ

Só estancou quando eu fui no curral, peguei um bocado de bosta de vaca e taquei em cima do ferimento.

PADRE

(Enojado.) Mas meu filho, isso é atraso! Uma porcaria!

ZÉ

Foi o que o doutor disse quando chegou. Mandou que tirasse aquela porcaria de cima da ferida, que senão Nicolau ia morrer.

PADRE

Sem dúvida.

ZÉ

Eu tirei. Ele limpou bem a ferida e o sangue voltou que parecia uma cachoeira. E quede que o doutor fazia o sangue parar? Ensopava algodão e mais algodão e nada. Era uma sangueira que não acabava mais. Lá pelas tantas, o homenzinho virou pra mim e gritou: corre, homem de Deus, vai buscar mais bosta de vaca, senão ele morre!

PADRE

E... o sangue estancou?

ZÉ

Na hora. Pois é um santo remédio. Seu vigário não sabia? Não sendo de vaca, de cavalo castrado também serve. Mas há quem prefira teia de aranha.

PADRE

Adiante, adiante. Não estou interessado nessa medicina.

ZÉ

Bem, o sangue estancou. Mas Nicolau começou a tremer de febre e no dia seguinte aconteceu uma coisa que nunca tinha acontecido: eu saí de casa e Nicolau ficou. Não pôde se levantar. Foi a primeira vez que isso aconteceu, em seis anos: eu saí, fui fazer compras na cidade, entrei no Bar do Jacob pra tomar uma cachacinha, passei na farmácia de seu Zequinha pra saber das novidades — tudo isso sem Nicolau. Todo mundo reparou, porque quem quisesse saber onde eu estava, era só procurar Nicolau. Se eu ia na missa, ele ficava esperando na porta da igreja...

PADRE

Na porta? Por que ele não entrava? Não é católico?

ZÉ

Tendo uma alma tão boa, Nicolau não pode deixar de ser católico. Mas não é por isso que ele não entra na igreja.

É porque o vigário não deixa. *(Com grande tristeza.)* Nicolau teve o azar de nascer burro, de quatro patas.

PADRE

Burro?! Então esse... que você chama de Nicolau, é um burro?! Um animal?!

ZÉ

Meu burro, sim senhor.

PADRE

E foi por ele, por um burro, que fez essa promessa?

ZÉ

Foi. É bem verdade que eu não sabia que era tão difícil achar uma igreja de Santa Bárbara, que ia precisar andar sessenta léguas pra encontrar uma, aqui na Bahia.

BONITÃO

(Que assistiu a toda a cena, um pouco afastado, solta uma gargalhada grosseira.) Ele se estrepou...

Padre Olavo olha-o, surpreso, como se só agora tivesse notado a sua presença. Bonitão pára de rir quase de súbito, desarmado pelo olhar enérgico do Padre.

ZÉ

Mas mesmo que soubesse, eu não deixava de fazer a promessa. Porque quando vi que nem as rezas do Preto Zeferino davam jeito...

PADRE

Rezas? Que rezas?

Seu vigário me desculpe, mas eu tentei de tudo. Preto Zeferino é rezador afamado na minha zona: sarna de cachorro, bicheira de animal, peste de gado, tudo isso ele cura com duas rezas e três rabiscos no chão. Todo mundo diz. E eu mesmo, uma vez, estava com uma dor de cabeça danada, que não havia meio de passar. Chamei Preto Zeferino, ele disse que eu estava com o Sol dentro da cabeça. Botou uma toalha na minha testa, derramou uma garrafa d'água, rezou uma oração, o Sol saiu e eu fiquei bom.

PADRE

Você fez mal, meu filho. Essas rezas são orações do demo.

demonio

ZÉ

Do demo, não senhor.

PADRE

Do demo, sim. Você não soube distinguir o bem do mal. Todo homem é assim. Vive atrás do milagre em vez de viver atrás de Deus. E não sabe se caminha para o céu ou para o inferno.

ZÉ

Para o inferno? Como pode ser, padre, se a oração fala em Deus? (Recita.) "Deus fez o Sol, Deus fez a luz, Deus fez toda a claridade do Universo grandioso. Com Sua Graça eu te benzo, te curo. Vai-te, Sol, da cabeça desta criatura para as ondas do Mar Sagrado, com os santos poderes do Padre, do Filho e do Espírito Santo." Depois rezou um padre-nosso e a dor de cabeça sumiu no mesmo instante.

SACRISTÃO

Incrível!

PADRE

Meu filho, esse homem era um feiticeiro.

ZÉ

Como feiticeiro, se a reza é pra curar?

PADRE

Não é para curar, é para tentar. E você caiu em tentação.

ZÉ

Bem, eu só sei que fiquei bom. *(Noutro tom.)* Mas com o Nicolau não houve reza que fizesse ele levantar. Preto Zeferino botou o pé na cabeça do coitado, disse uma porção de orações e nada. Eu já estava começando a perder a esperança. Nicolau de orelhas murchas, magro de se contar as costelas. Não comia, não bebia, nem mexia mais com o rabo pra espantar as moscas. Eu vi que nunca mais ia ouvir os passos dele me seguindo por toda parte, como um cão. Até me puseram um apelido por causa disso: Zé-do-Burro. Eu não me importo. Não acho que seja ofensa. Nicolau não é um burro como os outros. É um burro com alma de gente. E faz isso por amizade, por dedicação. Eu nunca monto nele, prefiro andar a pé ou a cavalo. Mas de um modo ou de outro ele vem atrás. Se eu entrar numa casa e me demorar duas horas, duas horas ele espera por mim, plantado na porta. Um burro desses, seu padre, não vale uma promessa?

PADRE

(Secamente, contendo ainda a sua indignação.) Adiante.

63

ZÉ

Foi então que comadre Miúda me lembrou: por que eu não ia ao candomblé de Maria de Iansã?

PADRE

Candomblé?!

ZÉ

Sim, é um candomblé que tem duas léguas adiante da minha roça. *(Com a consciência de quem cometeu uma falta, mas não muito grave.)* Eu sei que seu vigário vai ralhar comigo. Eu também nunca fui muito de freqüentar terreiro de candomblé. Mas o pobre Nicolau estava morrendo. Não custava tentar. Se não fizesse bem, mal não fazia. E eu fui. Contei pra mãe-de-santo o meu caso. Ela disse que era mesmo com Iansã, dona dos raios e das trovoadas. Iansã tinha ferido Nicolau, pra ela eu devia fazer uma obrigação, quer dizer: uma promessa. Mas tinha que ser uma promessa bem grande, porque Iansã, que tinha ferido Nicolau com um raio, não ia voltar atrás por qualquer bobagem. E eu me lembrei então que Iansã é Santa Bárbara e prometi que se Nicolau ficasse bom eu carregava uma cruz de madeira de minha roça até a igreja dela, no dia de sua festa, uma cruz tão pesada como a de Cristo.

PADRE

(Como se anotasse as palavras.) Tão pesada como a de Cristo. O senhor prometeu isso a...

ZÉ

A Santa Bárbara.

PADRE

A Iansã!

ZÉ

É a mesma coisa...

PADRE

(Grita.) Não é a mesma coisa! *(Controla-se.)* Mas continue.

ZÉ

Prometi também dividir minhas terras com os lavradores pobres, mais pobres que eu.

PADRE

Dividir? Igualmente?

ZÉ

Sim, padre, igualmente.

SACRISTÃO

E Nicolau... quero dizer, o burro, ficou bom?

ZÉ

Sarou em dois tempos. Milagre. Milagre mesmo. No outro dia, já estava de orelha em pé, rinchando. E uma semana depois todo mundo me apontava na rua: "Lá vai Zé-do-Burro com o burro de novo atrás!" *(Ri.)* E eu nem dava confiança. E Nicolau muito menos. Só eu e ele sabíamos do milagre. *(Como que retificando.)* Eu, ele e Santa Bárbara.

PADRE

(Procurando, inicialmente, controlar-se.) Em primeiro lugar, mesmo admitindo a intervenção de Santa Bárbara,

não se trataria de um milagre, mas apenas de uma graça. O burro podia ter-se curado sem intervenção divina.

ZÉ

Como, padre, se ele sarou de um dia pro outro...

PADRE

(Como se não o ouvisse.) E além disso, Santa Bárbara, se tivesse de lhe conceder uma graça, não iria fazê-lo num terreiro de candomblé!

ZÉ

É que na capela do meu povoado não tem uma imagem de Santa Bárbara. Mas no candomblé tem uma imagem de Iansã, que é Santa Bárbara...

PADRE

(Explodindo.) Não é Santa Bárbara! Santa Bárbara é uma santa católica. O senhor foi a um ritual fetichista. Invocou uma falsa divindade e foi a ela que prometeu esse sacrifício!

ZÉ

Não, padre, foi a Santa Bárbara. Foi até a Igreja de Santa Bárbara que prometi vir com a minha cruz! E é diante do altar de Santa Bárbara que vou cair de joelhos daqui a pouco, pra agradecer o que ela fez por mim!

PADRE

(Dá alguns passos de um lado para outro, de mão no queixo, e por fim detém-se diante de Zé-do-Burro, em atitude inquisitorial.) Muito bem. E que pretende fazer depois... depois de cumprir a sua promessa?

ZÉ

Que pretendo? Voltar pra minha roça, em paz com a minha consciência e quite com a santa.

PADRE

Só isso?

ZÉ

Só.

PADRE

Tem certeza? Não vai pretender ser olhado como um novo Cristo?

ZÉ

Eu?!

PADRE

Sim, você. Você que acaba de repetir a *via crucis,* sofrendo o martírio de Jesus. Você que, presunçosamente, pretende imitar o Filho de Deus...

ZÉ

(Humildemente.) Padre, eu não quis imitar Jesus!

PADRE

Mentira! Eu gravei suas palavras! Você mesmo disse que prometeu carregar uma cruz *tão pesada quanto a de Cristo.*

ZÉ

Sim, mas isso...

PADRE

Isso prova que você está sendo submetido a uma tentação ainda maior.

ZÉ

Qual, padre?

PADRE

A de igualar-se ao Filho de Deus.

ZÉ

Não, padre.

PADRE

Por que então repete a Divina Paixão? Para salvar a humanidade? Não, para salvar um burro!

ZÉ

Padre, Nicolau...

PADRE

E um burro com nome cristão! Um quadrúpede, um irracional!

A Beata sai da igreja e fica assistindo à cena, do alto da escada.

ZÉ

Mas, padre, não foi Deus quem fez também os burros?

PADRE

Mas não à Sua semelhança. E não foi para salvá-los que mandou Seu Filho. Foi por nós, por você, por mim, pela Humanidade.

ZÉ

(Angustiadamente tenta explicar-se.) Padre, é preciso explicar que Nicolau não é um burro comum. O senhor não conhece Nicolau, por isso... É um burro com alma de gente.

PADRE

Pois nem que tenha alma de anjo, nesta igreja não entrará com essa cruz! *(Dá as costas e dirige-se à igreja. O Sacristão trata logo de segui-lo.)*

ZÉ

(Em desespero.) Mas, padre, eu prometi levar a cruz até o altar-mor! Preciso cumprir a minha promessa!

PADRE

Fizesse-a então numa igreja. Ou em qualquer parte, menos num antro de feitiçaria.

ZÉ

Eu já expliquei...

PADRE

Não se pode servir a dois senhores, a Deus e ao Diabo!

ZÉ

Padre...

PADRE

Um ritual pagão, que começou num terreiro de candomblé, não pode terminar na nave de uma igreja!

ZÉ

Mas, padre, a igreja...

PADRE

A igreja é a casa de Deus. Candomblé é o culto do Diabo!

ZÉ

Padre, eu não andei sessenta léguas para voltar daqui. O senhor não pode impedir a minha entrada. A igreja não é sua, é de Deus!

PADRE

Vai desrespeitar a minha autoridade?

ZÉ

Padre, entre o senhor e Santa Bárbara, eu fico com Santa Bárbara.

PADRE

(Para o Sacristão.) Feche a porta. Quem quiser assistir à missa que entre pela porta da sacristia. Lá não dá para passar essa cruz. *(Entra na igreja.)*

A Beata entra também apressadamente, atrás do Padre.

O Sacristão, prontamente, começa a fechar a porta da igreja, enquanto Zé-do-Burro, no meio da praça, nervos tensos, olhos dilatados, numa atitude de incompreensão e revolta, parece disposto a não arredar pé dali. Bonitão, um pouco afastado, observa, tendo nos lábios um sorriso irônico. A porta da igreja se fecha de todo, enquanto um foguetório tremendo saúda Iansã.

CAI O PANO LENTAMENTE.

Segundo Ato

PRIMEIRO QUADRO

*Aproximadamente, duas horas depois. Abriu-se a vendola
e o Galego aparece trepado num caixote, amarrando um cordão
com bandeirolas vermelhas e brancas que vai da porta da venda
ao sobrado do lado oposto. Zé e sua cruz continuam no meio
da praça. Ouve-se um pregão: "Bei-jú... olha o bei-jú!" Logo
após, surge no alto da ladeira uma preta em trajes típicos, com
um tabuleiro na cabeça. Ela desce a ladeira e ao passar pelo
Galego saúda.*

MINHA TIA

Iansã lhe dê um bom dia.

GALEGO

(Espanhol.) Gracias, Minha Tia.
Minha Tia vai até a igreja e aí, junto aos degraus, pára.*

---

* A critério da direção e em momentos em que não prejudiquem a ação, transeun-
tes cruzarão a praça, durante todo o ato.

MINHA TIA

(Para o Galego.) Quer vir aqui dar uma mãozinha pra sua tia, meu branco?

O Galego apressa-se a ir ajudá-la. Retira primeiro o cavalete, que está sobre o tabuleiro, abre-o, depois ajuda-a a tirar o tabuleiro da cabeça e colocá-lo em cima do cavalete.

MINHA TIA

Santa Bárbara lhe pague. *(Nota Zé-do-Burro.)* Oxente! Que é aquilo?

GALEGO

No sei. Já estava acá quando abri a venda. Parece maluco. *(Volta a pregar as bandeirolas, enquanto Minha Tia põe-se a arrumar o fogareiro, procura acendê-lo.)*

Desce a ladeira, passo mole, preguiçoso, Dedé Cospe-Rima. Mulato, cabeleira pixaim, sob o surrado chapéu-coco — um adorno necessário à sua profissão de poeta-comerciante. Traz, embaixo do braço, uma enorme pilha de folhetos: abecês, romances populares em versos. E dois cartazes, um no peito, outro nas costas. Num se lê: "ABC da Mulata Esmeralda — uma obra-prima" e no outro: "Saiu agora, tá fresco aindal": "O que o cego Jeremias viu na Lua."

DEDÉ

(Declama:)

Bom-dia, Galego amigo!
dia assim eu nunca vi;
para saudar Iansã,
Não repare eu lhe pedi:

[nota manuscrita: Livros populares de poemas]

[nota manuscrita: literatura de Cordel]

me empreste por obséquio
dois dedos de parati.

GALEGO

É, com esta história de hacer versos, usted sempre me leva na conversa. *(Entra na venda e dá a volta por trás do balcão.)* Es buena mesmo essa del cego Jeremias? *(Serve o parati.)*

DEDÉ

(Bombástico, teatral.) Uma epopéia. Uma nova *Ilíada*, onde Tróia é a Lua e o cavalo de Tróia é o cavalo de São Jorge! *(Tira um exemplar e coloca sobre o balcão.)* Em paga do parati.

GALEGO

Si, pero... yo prefiro la otra, la da mulata Esmeralda.

DEDÉ

Uma prova de bom gosto, Galego! *(Troca os folhetos.)* É também uma obra-prima. Lembra Castro Alves, modéstia à parte. *(Bebe o parati de um trago. Refere-se às bandeirinhas.)* Bandeirinhas vermelhas e brancas, as cores de Iansã. Depois diz que não crê em candomblé.

GALEGO

Yo no creo, pero hay quem crea. E yo soy um comerciante...

DEDÉ

Somos dois! *(Estende novamente o cálice.)* Mais uma dose. Esta eu pago amanhã. *(Galego faz cara feia, mas enche de novo o cálice.)*

A Beata entra da direita e detém-se junto a Minha Tia. Ao ver Zé-do-Burro, mostra-se surpresa e indignada.

BEATA

É o cúmulo! Ainda está aí!

MINHA TIA

Não vai abrir a igreja hoje, iaiá? Dia de Santa Bárbara...

BEATA

(Lança um olhar acusador a Zé-do-Burro.) Não enquanto esse indivíduo não for embora.

MINHA TIA

Que foi que ele fez?

BEATA

Quer entrar com essa cruz na igreja.

MINHA TIA

Só isso?

BEATA

E você acha pouco? Acha que Padre Olavo ia permitir?

MINHA TIA

Oxente! Por que não? Foi promessa que ele fez?

BEATA

Foi. Mas promessa de candomblé. Pra uma tal de Iansã... que Deus me perdoe. *(Benze-se. Dirige-se para a esquerda e, ao passar por Zé-do-Burro, insulta-o.)* Herege. *(Sobe a*

heretic **75**

ladeira, seguida do olhar de comovedora incompreensão de Zé-do-Burro.)

DEDÉ

(Ouviu a conversa. Para o Galego:) Vou ver se Minha Tia me fia um abará. *(Atravessa a praça. Não sem mostrar-se intrigado e curioso ao passar por Zé-do-Burro.)* Bom-dia, Minha Tia!

MINHA TIA

Bom-dia, seu Dedé. *(Oferece:)* Acarajé, abará, beiju.. Vem benzer!

DEDÉ

(Aponta:) Um abará. Pago daqui a pouco, quando entrar o primeiro dinheiro.

MINHA TIA

Eu já sabia... *(Entrega o abará embrulhado numa folha de bananeira.)*

DEDÉ

(Referindo-se a Zé-do-Burro.) Que história é essa?

MINHA TIA

O senhor ouviu?

DEDÉ

Ouvi.

MINHA TIA

(Com respeito.) Obrigação para Iansã... *(Toca com as pontas dos dedos o chão e a testa.)*

DEDÉ

Por isso o padre não deixou ele entrar?

MINHA TIA

É... coitado.

DEDÉ

Chegou a fechar a porta.

MINHA TIA

O senhor entende?

DEDÉ

Entendo não.

MINHA TIA

O padre é um homem tão bom.

DEDÉ

A senhora acha?

MINHA TIA

Então. Ele é tão amigo dos pobres, faz tanta caridade. Sei não.

O Guarda entra pela direita. Vai direto a Zé-do-Burro. É um homem que procura safar-se dos problemas que se lhe apresentam. Sua noção do dever coincide exatamente com o seu temor à responsabilidade. Seu maior desejo é de que nada aconteça, a fim de que a nada ele tenha que impor a sua autoridade. No fundo, essa autoridade o constrange terrivelmente e mais ainda o dever de exercê-la.

GUARDA

Olá, amigo.

ZÉ

Olá.

GUARDA

(Refere-se à cruz.) É para a procissão de Santa Bárbara?

ZÉ

Não.

GUARDA

Porque a procissão não sai daqui, sai do Mercado aqui perto e vai até à Igreja da Saúde.

ZÉ

Não tenho nada com essa procissão.

GUARDA

E o senhor está aqui fazendo o quê? Esperando a festa? Ainda é muito cedo. São oito e meia da manhã. Só na parte da tarde é que isso pega fogo.

ZÉ

Estou aqui desde quatro e meia da manhã.

GUARDA

Quatro e meia?! *(Coça a cabeça, preocupado.)* O senhor deve ser um devoto e tanto! Mas acontece que escolheu um mau lugar...

ZÉ

A culpa não é minha.

GUARDA

Sim, eu sei, não foi o senhor quem inventou a festa de Santa Bárbara. Mas eu também não tenho culpa de ser guarda. Minha obrigação é facilitar o trânsito, tanto quanto possível.

ZÉ

Sinto muito, mas não posso sair daqui.

GUARDA

(Sua paciência começa a esgotar-se.) Ai, ai, ai, ai, ai... Eu estou querendo me entender com o senhor...

ZÉ

(Irritando-se também um pouco.) Eu também estou querendo me entender com o senhor e com todo mundo. Mas acho que ninguém me entende.
Dedé Cospe-Rima, que assistiu a toda a cena, não resiste à curiosidade e vem presenciá-la mais de perto. Minha Tia também acompanha tudo com interesse.

ZÉ

Aquela mulher me chamou de herege, o padre fechou a porta da igreja como se eu fosse Satanás em pessoa. Eu, Zé-do-Burro, devoto de Santa Bárbara.

DEDÉ

Mas, afinal, o que é que o senhor quer?

ZÉ

Que me deixem colocar esta cruz dentro da igreja, nada mais. Depois, prometo ir embora. E já estou vexado mesmo por isto!

DEDÉ

Foi promessa. Promessa que ele fez.

GUARDA

(Raciocina, operação que lhe parece custar tremendo esforço físico.) Promessa... Colocar a cruz dentro da igreja. Não vejo dificuldade nenhuma nisso. Fala-se com o padre e...

ZÉ

Se o senhor conseguir que ele abra a porta e me deixe entrar, está tudo resolvido.

GUARDA

(Pensa mais um pouco, vê que não há outra maneira de resolver o problema, decide-se.) Pois bem, eu vou falar com ele. *(Dirige-se à porta da igreja, ante os olhares de grande expectativa do Galego, de Dedé, de Minha Tia.)*

DEDÉ

Não vou lá ajudar também porque eu e esse padre estamos de relações cortadas. *(Sai.)*

GUARDA

(Bate várias vezes, sem resultado, encosta o rosto na porta e chama.) Padre? Abra um instante, por favor!
Segundos depois, abre-se uma fresta e surge por ela a cabeça do Sacristão, receoso.

GUARDA

Quero falar com o padre.

SACRISTÃO

(Certifica-se de que não há perigo, abre um pouco mais a porta.) Entre!

Guarda tira o quepe e entra. O Sacristão fecha a porta rapidamente. Rosa desce a ladeira. Vem um pouco apressada, como se temesse não mais encontrá-lo ali. Mas quando vê Zé-do-Burro, diminui o passo, tranqüiliza-se em parte. Não perde, entretanto, um certo ar culposo, que procura disfarçar.

ROSA

Você ainda está aí! *(Nota a igreja fechada.)* A igreja não abriu?

ZÉ

Abriu, sim. Mas o padre não quer me deixar entrar com a cruz.

ROSA

Por quê?

ZÉ

(Balança a cabeça, na maior infelicidade.) Não sei, Rosa, não sei... Há duas horas que tento compreender... mas estou tonto, tonto como se tivesse levado um coice no meio da testa. Já não entendo nada. Parece que me viraram pelo avesso e estou vendo as coisas ao contrário do que elas são. O céu no lugar do inferno, o demônio no lugar dos santos.

ROSA

(Refletindo na própria experiência.) É isso mesmo. De repente, a gente percebe que é outra pessoa. Que sempre foi outra pessoa. É horrível.

ZÉ

Mas não é possível, Rosa. Eu sempre fui um homem de bem. Sempre temi a Deus.

ROSA

(Concentrada em seu problema.) Zé, isso está parecendo castigo!

ZÉ

Castigo? Castigo por quê? Por eu ter feito uma promessa tão grande? Por ter sido no terreiro de Maria de Iansã? Mas se Santa Bárbara não estivesse de acordo com tudo isso, não tinha feito o milagre.

ROSA

Zé, esqueça Santa Bárbara. Pense um pouco em nós.

ZÉ

Em nós?

ROSA

Em mim, Zé.

ZÉ

Em você?

ROSA

Sim, Zé, em mim, sua mulher.

ZÉ

Que é que você quer? Não dormiu, não descansou?

ROSA

(Sem fitá-lo.) Zé, vamos embora daqui.

ZÉ

Agora?

ROSA

Sim, agora mesmo.

ZÉ

Não posso. Você sabe que eu não posso voltar antes de chegar ao fim da promessa. Não ia ter sossego o resto da vida.

ROSA

Você acredita demais nas coisas.

ZÉ

É porque você não pensa no que pode acontecer.

ROSA

Mais do que já aconteceu?

ZÉ

Que aconteceu? A caminhada, as noites sem dormir e agora ser xingado como a figura do diabo? Tudo isso é nada, comparado com o castigo que pode vir.

ROSA

Mas se o padre não quer deixar você entrar com a cruz, que é que você ainda vai ficar fazendo aqui?

ZÉ

O Guarda foi falar com ele. Estou esperando. *(Como que se desculpando por não pensar na situação dela.)* Você, se quiser, pode ir comer qualquer coisa.

ROSA

(Ante a impossibilidade de comunicar a ele o seu problema.) Já tomei café no hotel.

ZÉ

Não era bom o hotel que aquele homem arranjou?

ROSA

Muito bom. Tinha até pia no quarto e colchão de mola.

ZÉ

Fiquei um pouco preocupado.

ROSA

(Ferida pela falta de ciúmes dele.) Comigo?

ZÉ

Você num hotel, sozinha. Cidade grande, a gente nunca sabe. Se bem que o moço garantiu que era hotel de família.

ROSA

Não tinha então que ter cuidado. O moço era de toda confiança. Tão amável, tão prestativo...

REPÓRTER

(Entra acompanhado do Fotógrafo.) Lá está ele. *(Vai a Zé, enquanto o Fotógrafo circula à procura de ângulos. O Repórter é vivo e perspicaz. Dirige um cumprimento entusiasta a Zé-do-Burro.)* Bom-dia, amigo! *(Aperta efusivamente a mão de Zé-do-Burro.)* Parabéns! O senhor é um herói.

ZÉ

(Olha-o com estranheza.) Herói?

REPÓRTER

(Com entusiasmo.) Sim, sessenta léguas carregando esta cruz. *(Calcula o peso.)* Pesada, hem? Sessenta léguas... trezentos e sessenta quilômetros. A maior marcha que eu fiz foi de vinte e quatro quilômetros, no Serviço Militar. E o fuzil não pesava tanto assim. *(Ri, mas seu riso murcha como um balão ante o ar de desconfiança de Rosa e Zé-do-Burro.)* Oh, desculpe... eu sei que o senhor fez uma promessa. A comparação não foi muito feliz. *(Para o Fotógrafo.)* Carijó, pode bater uma chapa. *(Posa de frente para Zé-do-Burro, de caderno e lápis em punho.)* Finja que está falando comigo.

ZÉ

(Começa a impacientar-se.) Fingir que estou falando... pra quê?

REPÓRTER

E dentro de algumas horas o Brasil inteiro vai saber. O senhor vai ficar famoso.

ZÉ

(Contrariado.) Mas eu não quero ficar famoso, eu quero...

ROSA

(Interrompe, em tom de repreensão.) Que é isso, Zé? Seja mais delicado com o moço. Ele é da gazeta...

REPÓRTER

Mulher dele?

ROSA

Sou. Também andei sessenta léguas — meu pé tem cada calo d'água deste tamanho.

REPÓRTER

Maravilhoso. E em quanto tempo cobriram o percurso?

ROSA

(Não entendeu.) Como?

REPÓRTER

Quero dizer: quando saíram de lá, de sua cidade?

ROSA

Da roça? Tem pra mais de uma semana.

REPÓRTER

Chegaram hoje aqui?

ROSA

Antes das cinco da madrugada.

REPÓRTER

Mais de uma semana carregando uma cruz que deve pesar... *(Olha interrogativamente para Zé-do-Burro.)*

ZÉ

(Contrariado.) Não sei, não pesei.

REPÓRTER

Por menos que pese, é um *record*! Sob este aspeto, podemos considerar um grande feito esportivo. Uma prova de resistência física... *(Para Rosa:)* e de dedicação...
Rosa sorri, envaidecida, sentindo-se heroína também.

REPÓRTER

Mas como nasceu a idéia dessa... peregrinação? *(As perguntas são feitas a Zé-do-Burro, mas este recusa-se a respondê-las.)*

ROSA

Não nasceu idéia nenhuma. O burro adoeceu, ia morrer — ele fez promessa para Santa Bárbara.

REPÓRTER

O burro? Que burro?

ROSA

O Nicolau.

ZÉ

(Irritado.) Por quê? O senhor também vai achar que o meu burro não vale uma promessa?

REPÓRTER

Não, de modo algum... eu... eu apenas não sabia... Então, tudo isso... trezentos e sessenta quilômetros... a cruz... tudo por causa de um burro. *(Repentinamente, antevendo o interesse que despertará a reportagem.)* Fabuloso!

ROSA

E não foi só isso. Ele prometeu também repartir o sítio com aquela cambada de preguiçosos.

ZÉ

Que preguiçosos. Gente que quer trabalhar e não tem terra.

REPÓRTER

Repartir o sítio... Diga-me, o senhor é a favor da reforma agrária?

ZÉ

(Não entende.) Reforma agrária? Que é isso?

REPÓRTER

É o que o senhor acaba de fazer em seu sítio. Redistribuição das terras entre os lavradores pobres.

ZÉ

E não estou arrependido, moço. Fiz a felicidade de um bocado de gente e o que restou pra mim dá e sobra.

REPÓRTER

(Toma notas.) É a favor dos sem-terra.

ZÉ

É bem verdade que se o meu burro não tivesse ficado doente eu não tinha feito isso.

REPÓRTER

Mas, e se os sem-terra resolvessem se apossar das terras não cultivadas?

ZÉ

Ah, era muito bem feito. A terra deve ser de quem trabalha.

REPÓRTER

O senhor pertence a algum partido político?

ZÉ

(Com alguma vaidade, dissimulada num sorriso modesto.) Já quiseram me fazer vereador. Qual...

ROSA

O que atrapalhou foi o burro.

REPÓRTER

O burro? Por quê?

ROSA

Aonde ele vai, o burro vai atrás. Se ele fosse eleito, o burro também tinha que ser.

REPÓRTER

É, mas desta vez, seu...

ZÉ

Zé-do-Burro, seu criado.

REPÓRTER

... seu Zé-do-Burro, o senhor será eleito com burro e tudo. *(Confidencial.)* Escute aqui, será que essa história de promessa não é um golpe para impressionar o eleitorado?...

ZÉ

(Ofendido.) Golpe?!

REPÓRTER

E de mestre! Avalio a agitação que o senhor fez com isso. Pelas estradas, no caminho até aqui, deve ter-se juntado uma verdadeira multidão para vê-lo passar.

ZÉ

É, tinha...

ROSA

Muito moleque também.

REPÓRTER

E imaginem a volta! A chegada à sua cidade, em carro aberto, banda de música, foguetes!

ZÉ

O senhor está maluco? Não vai haver nada disso.

REPÓRTER

Vai. Vai porque o meu jornal vai promover. Só faço questão de uma coisa: que o senhor nos dê a exclusividade. Que não conceda entrevistas a mais ninguém. *(Noutro tom.)* É claro que o senhor terá uma compensação... *(Faz com o indicador e o polegar o gesto característico.)* e também a publicidade. Primeira página, com fotografias do senhor e sua senhora; mandaremos fotografar também o burro — em poucas horas o senhor será um herói nacional.

ZÉ

(*Profundamente contrariado.*) Moço, eu acho que o senhor não me entendeu. Ninguém ainda me entendeu...

REPÓRTER

(*Sem lhe dar atenção.*) O diabo foi o senhor ter escolhido um dia como o de hoje. Sábado. Amanhã é domingo, o jornal não sai. Só segunda-feira. E o nosso Departamento de Promoções precisaria preparar a coisa. Podemos dar o furo na edição de hoje, mas o barulho mesmo só segunda-feira. Quando o senhor pretende voltar?

ZÉ

Por mim, já estava de volta.

Abre-se parcialmente a porta da igreja. O Sacristão deixa o Guarda passar e torna a fechá-la. O Guarda vem ao encontro de Zé-do-Burro, que o aguarda sem muita esperança.

GUARDA

(*Balança a cabeça, desanimado.*) Não consegui nada.

ZÉ

O senhor falou com o padre?

GUARDA

Falei, argumentei, não adiantou. E ainda tive que ouvir um sermão deste tamanho. Ele acha que, em vez de ir pedir pra deixar o senhor entrar na igreja, eu devia era levá-lo preso. Claro que eu não vou fazer isso, mas o senhor bem que podia ter arranjado uma promessinha menos complicada.

ROSA

Também acho.

GUARDA

Porque não adianta o senhor ficar aqui; o padre já disse que não abre a porta e não abre mesmo — eu conheço ele.

REPÓRTER

Ótimo! Mas isso é ótimo! Assim temos um pretexto para adiar a entrega da cruz para segunda-feira. Dará tempo então de organizarmos tudo. As entrevistas, as apresentações no rádio e a sua volta triunfal com batedores e banda de música!

ZÉ

(Cada vez mais contrariado e mais infeliz.) Moço, eu vim a pé e vou voltar a pé.

ROSA

(Ela vislumbrou nas palavras do Repórter uma possibilidade confusa de libertação, ouviu-as num entusiasmo crescente.) Oxente! Não seja estúpido, homem! O moço está querendo ajudar a gente.

ZÉ

Então ele que me ajude a convencer o vigário a abrir a porta.

REPÓRTER

Eu vou já entrevistar o vigário. Mas fique certo de uma coisa: seja qual for o seu objetivo, uma publicidadezinha não fará mal algum... *(Pisca o olho para Zé-do-Burro, que não percebe a insinuação.)* Carijó, bata mais uma chapa. *(Para Zé-do-Burro:)* Quer fazer o favor de carregar a cruz? *(Para Rosa:)* A senhora também.

Zé-do-Burro fica indeciso, sem palavras para traduzir a sua indignação.

ROSA

Vamos, Zé! *(Empurra-o para baixo da cruz e coloca-se a seu lado, numa atitude forçada.)*

O Guarda também procura, discretamente, aparecer na fotografia. A cena é caricatural, com Rosa escancarando-se num sorriso de dentifrício, Zé-do-Burro vergado ao peso da cruz e de sua imensa infelicidade. E o Guarda, de peito estufado, disputando honrosamente a sua participação no acontecimento.

GALEGO

(Sai da venda apressado e dirige-se ao Fotógrafo.) Um momento! O senhor não podia fazer aparecer também o meu estabelecimento? Sabe, uma publicidadezinha...

O Fotógrafo coloca-se de molde a aparecer, no fundo, a venda. Galego corre para junto do balcão e posa.

REPÓRTER

Ótimo. Pode bater, Carijó.

O Fotógrafo bate a chapa.

REPÓRTER

Obrigado. Esta vai sair hoje na primeira página. *(Para o Fotógrafo:)* Vamos agora entrevistar o vigário.

GUARDA

É melhor o senhor ir pela porta da sacristia.

ZÉ

Eu levo o senhor até lá.

REPÓRTER

(Não gosta da idéia.) Não, acho melhor o senhor esperar aqui...

ZÉ

(Com decisão.) Mas eu quero ir com o senhor.

SACRISTÃO

(Cede, de má vontade.) Está bem. *(Sai, com Zé-do-Burro e o Fotógrafo.)*
Ouvem-se buzinas insistentes.

GUARDA

Garanto que agora o padre vai abrir a igreja. Não há quem não tenha medo da imprensa. *(Olha na direção da direita.)* Eu vou pra lá, que a coisa está piorando. *(Sai pela direita.)*
Bonitão desce a ladeira e pára na vendola. Rosa o vê e não esconde a sua emoção.

BONITÃO

(Para o Galego.) Uma dupla.

GALEGO

Olá, Bonitão. Usted por aqui "de madrugada"... *(Serve a cachaça.)*

ROSA

(Vai à venda e encosta-se no balcão, ao lado de Bonitão.) Um café, moço...

BONITÃO

Ainda?...

94

ROSA

Ainda.

BONITÃO

Não sei como você agüenta.

ROSA

Eu também não.

BONITÃO

Ele desconfiou de alguma coisa?

ROSA

Nada. Ele só pensa na cruz e na promessa.

BONITÃO

Sabe que eu fui pra casa dormir e não consegui?

ROSA

Por quê?

BONITÃO

Fiquei pensando em você.

ROSA

Melhor que não pense.

BONITÃO

Está arrependida?

ROSA

Estou.

BONITÃO

Agora é um pouco tarde.

ROSA

Não é não. Uma noite a gente pode apagar.

BONITÃO

A gente pode apagar uma porção de noites. Isso não deixa marca.

ROSA

Em mim deixou. Nem sei como ele não vê. Dá até raiva. Dá vontade de contar tudo.

BONITÃO

Não é má idéia. Ele não é homem violento. Podia era largar você aqui na cidade e voltar sozinho pra roça. Isso resolvia tudo.

ROSA

Resolvia o quê?

BONITÃO

Sua vida. Você tem futuro.

ROSA

Adianta não. Minha sina é essa mesma. Às vezes eu tenho vontade, sim, de arrumar a trouxa e ganhar a estrada. Mas não tenho coragem. E se tivesse, não ia saber pra onde ir.

BONITÃO

Quando eu era menino, fui guia de cego...

ROSA

Não estou cega. E sabia muito bem o que estava fazendo. Como sei também que sou capaz de fazer de novo, se ele não me levar daqui. Mesmo sem querer.

BONITÃO

Se você não se livrar dele, vai acabar idiota como ele.

ROSA

(Procurando uma justificativa para sua falta de coragem.) Ele precisa de mim.

BONITÃO

Ele tem o burro.

ROSA

Estúpido!

BONITÃO

Não quis comparar...

ROSA

Ele é muito homem, fique sabendo!

BONITÃO

Se é assim, por que você tem tanta sede?...

ROSA

(Sente-se cada vez mais empurrada para ele, como para um abismo, e não há nela, precisamente, um desejo de resistir ao salto definitivo. Há apenas a imensa fraqueza da criatura humana no momento das grandes decisões.) Que tinha você de aparecer aqui de novo?

BONITÃO

Foi você quem veio falar comigo.

ROSA

Você me obriga a fazer o que eu não quero.

BONITÃO

(Ri, cônscio de seu poder de sedução.) Que culpa tenho eu de ter nascido com tantas qualidades?
Ela vai voltar ao centro da praça. Ele a segura pelo braço.

BONITÃO

(Baixo.) Espere...

ROSA

(Idem.) Está louco?

BONITÃO

Pelo jeito, ele ainda vai ficar muito tempo aí. Entendeu?

ROSA

(Solta-se dele com um safanão.) Não entendo nada. Você é doido e eu estou ficando doida também.

BONITÃO

Ele não pode sair de junto da cruz. Mas você pode. Pode ir descansar no hotel, ou mesmo ir rezar em outra igreja, pedir a outro santo pra ajudar a convencer o padre a abrir a porta... Um reforço sempre é bom...
Entra Zé-do-Burro. Rosa e Bonitão disfarçam.

MINHA TIA

(Detendo-o.) E então?...

ZÉ

Eles não quiseram que eu entrasse. Acham melhor falar com o padre em particular.

MINHA TIA

(Assume uma atitude de extrema cumplicidade.) Meu filho, eu sou "ekédi" no candomblé da Menininha. Mais logo o terreiro está em festa. Você fez obrigação pra Iansã, Iansã está lá pra receber!

ZÉ

(Ele não entende.) Como?...

MINHA TIA

Eu levo você lá! Você leva a cruz e a santa recebe! Você fica em paz com ela!

ZÉ

Iansã...

MINHA TIA

Foi ela quem lhe atendeu!

ZÉ

Mas a igreja...

MINHA TIA

Mande o padre pro inferno! Leve a sua cruz no terreiro! Eu vou com você!

ZÉ

(*Hesita um pouco e por fim reage com veemência.*) Não, não foi num terreiro que eu disse que ia levar a cruz, foi numa igreja de Santa Bárbara.

MINHA TIA

Santa Bárbara é Iansã. E Iansã está lá! Vai baixar nos seus cavalos! Vamos!

ZÉ

Não. Não é a mesma coisa. Não é a mesma coisa.
Abre-se a porta da igreja e surgem o Repórter, o Fotógrafo e o Sacristão.

REPÓRTER

(*Para o Sacristão:*) O senhor acha que o padre não deixa mesmo ele entrar?

SACRISTÃO

O senhor não ouviu ele dizer? É Satanás! Satanás sob um dos seus múltiplos disfarces!

REPÓRTER

Satanás disfarçado em Jesus Cristo... acho que é um pouco forte. Em todo caso, isso é lá com ele. Eu confesso que não sou muito entendido na matéria. O que interessa é mantê-lo aqui, pelo menos até segunda-feira. Se for preciso, mandarei vir comida e bebida. Contanto que ele não vá embora antes de segunda-feira.
Zé-do-Burro dá um passo em direção à igreja. O Sacristão assusta-se.

SACRISTÃO

Com licença, senhores, com licença. *(Entra e fecha a porta, precipitadamente.)*

O Fotógrafo vai à vendola.

REPÓRTER

(Indo a Zé-do-Burro.) Nada feito, meu camarada. O padre é uma rocha. *(Procura estimulá-lo a resistir.)* Mas ele vai acabar cedendo. Se você não arredar o pé daqui, ele vai ter que abrir a igreja. Eu lhe garanto. Agora a causa não é somente sua, é também do nosso jornal. E sendo do nosso jornal, é do povo!

Zé-do-Burro olha-o como se procurasse inutilmente entender um ser vindo de outro planeta.

REPÓRTER

Eu o aconselho a resistir. Afinal de contas, é um direito. Direito que o senhor adquiriu em 360 quilômetros de *via crucis*. Eu confio no senhor. *(Para Rosa:)* Leia no meu jornal hoje à tarde. Vai ser um estouro. *(Sai seguido do Fotógrafo.)*

BONITÃO

Jornalistas, é?

ROSA

É. *(Com vaidade.)* Tiraram o meu retrato. Será que vão publicar mesmo?

BONITÃO

Se estivesse nua, eu garantia. Assim... não sei.

Neste momento, entra Marli pela direita. Ao ver Bonitão junto a Rosa, avança para ele em atitude agressiva.

MARLI

Eu sabia!... Tinha que estar atrás de algum rabo de saia!

BONITÃO

Que é que você veio fazer aqui?

MARLI

Venho saber por que o senhor não apareceu em casa esta noite.

BONITÃO

Que casa?

MARLI

A minha casa!

BONITÃO

Estava indisposto. Fui para o meu hotel.

MARLI

(Mede Rosa de alto a baixo.) Sim, eu estou vendo a sua "indisposição".

BONITÃO

(Em voz contida, mas enérgico.) Não faça escândalo!

MARLI

Por quê? Está com medo do marido dela?

BONITÃO

Não estou com medo de ninguém, mas não vou deixar você fazer a senhora passar vexame.

MARLI

(Irônica.) A senhora... Se ela é senhora, eu sou donzela...

BONITÃO

(Autoritário.) Marli, me obedeça!

MARLI

Está querendo bancar o machão na frente dela, é?

BONITÃO

Eu não tenho nada com ela!

MARLI

Você passou a noite com ela!
O rosto de Zé-do-Burro se cobre de sombras e ele busca nos olhos de Rosa uma explicação. Ela não o fita.

BONITÃO

(Segura Marli por um braço, violentamente.) Vamos pra casa!

MARLI

Não! Primeiro quero tirar isso a limpo. Quero que essa vaca saiba que você é meu. *(Com orgulho.)* Meu! *(Grita para Rosa:)* Esta roupa foi comprada com o meu dinheiro! Esta e todas que ele tem!

BONITÃO

(Perde a paciência, ameaçador.) Se você não for pra casa imediatamente, nunca mais eu deixo você me dar nada!

MARLI

(*Deixando-se arrastar por ele na direção da direita.*) Ele é meu, ouviu? Fique com seu beato e deixe ele em paz! É meu homem! É meu homem!

Há uma pausa terrivelmente longa, na qual Zé-do-Burro apenas fita Rosa, silenciosamente, sob o impacto da cena. Em seu olhar, lê-se a dúvida, a incredulidade e sobretudo o pavor diante de um mundo que começa a desmoronar. As luzes se apagam em resistência.

SEGUNDO QUADRO

Três horas da tarde. Zé-do-Burro e Rosa continuam no meio da praça. Minha Tia com seu tabuleiro, na porta da igreja, o Galego na venda. Dedé Cospe-Rima entra da direita.

DEDÉ

"ABC da Mulata Esmeralda", romance completo contando toda a vida de Esmeralda, desde o nascimento, no Beco das Inocências, até a morte, por trinta facadas, na Rua da Perdição. *(Oferece a Zé-do-Burro.)* 10 cruzeiros...

Zé-do-Burro recusa com um gesto.

DEDÉ

(Lê, declamando.)

Ai, meu Senhor do Bonfim
Dai-me muita inspiração,
dai-me rima e muita métrica
pra fazer a descrição
das penas de Esmeralda
na Rua da Perdição.

(Para Zé-do-Burro:) Estava pensando... sabe que essa sua briga com o padre dava um abecê? Quer, eu escrevo.

ZÉ

(Com decisão.) Não.

DEDÉ

Por que não quer? Abecê em versos ficava bonito...

ZÉ

Não.

DEDÉ

Versos que, modéstia à parte, são lidos pela Bahia inteira. *(Com intenção.)* Inclusive pelo Padre Olavo. E não é por me gabar, meu camarada, mas aqui como me vê, poeta pela graça da Virgem e do Senhor do Bonfim, eu sou um homem temido! Quando eu anuncio que vou escrever um folheto contando as bandalheiras desse ou daquele deputado... ah, menino, não tarda o fulano vem me procurar pra adoçar meus versos. *(Faz com os dedos um sinal característico de dinheiro.)* Se eu anunciar nesta tabuleta que vou escrever o "ABC de Zé-do-Burro", tenho certeza que o padre abre logo a porta e vem ele mesmo carregar a cruz.

Zé olha-o com desconfiança.

ROSA

Que é preciso pra isso?

DEDÉ!

Bem, o consentimento dele, em primeiro lugar. E em segundo, sabe... papel está pela hora da morte, a tipografia está cobrando os olhos da cara...

ROSA

Ah, é preciso pagar.

DEDÉ

Aí uns cinco contos pra ajudar. *(Vai a Zé.)* Mas garanto o resultado.

ZÉ

(Vigorosamente.) Não quero que faça nada.

DEDÉ

Olhe que o senhor se arrepende. Garanto que basta anunciar, o padre se borra todo.

ZÉ

(Irritado.) Não quero, já disse!

DEDÉ

Está bem. Quem perde é o senhor. O senhor e a poesia nacional.

Mestre Coca desce a ladeira, gingando, e pára na vendola. É um mulato alto, musculoso e ágil. Veste calças brancas boca-de-sino e camisa de meia.

COCA

Buenas.

GALEGO

Opa!

DEDÉ

Boa-tarde, Mestre Coca.

COCA

Dedé Cospe-Rima, precisa arranjar um serviço de homem, meu camarado... *(Para o Galego:)* Me dá um porongo. *(Galego serve a cachaça. Ouvem-se trovões longínquos.)* Dia de Santa Bárbara, tem que roncar trovoada.

DEDÉ

Já largou a estiva, Mestre Coca?

COCA

Já. Descarreguei um cargueiro holandês até a uma hora e caí no mundo. Hoje, dia de Iansã; não é dia de carregar peso, é dia de vadiar.

DEDÉ

Vamos ter capoeira hoje?

COCA

Mais logo. Mais logo vamos ter vadiação. Vou jogar com Manuelzinho Sua-Mãe. *(Nota Zé-do-Burro.)* Me disseram que tinha um homem querendo entrar na igreja com uma cruz e o padre não queria deixar.

GALEGO

É esse aí.

COCA

Mas lugar de cruz não é dentro da igreja?

DEDÉ

É, mas parece que a cruz é pra Iansã, e o padre não gostou da história.

COCA

E fechou a porta?

DEDÉ

Não é de admirar. Outro dia ele não quis proibir que eu vendesse meus livros aqui na porta da igreja?

COCA

Por quê?

DEDÉ

Disse que o "ABC da Mulata Esmeralda" era indecente. Falou isso num sermão. E de lá pra cá, essas beatas quando passam por mim viram a cara, como se eu fosse a pintura do Cão.

GALEGO

No me gustan los padres. Pero esse está haciendo un buen servicio. Por causa dele a freguesia aumentou e já fui até fotografado.

DEDÉ

Se ele quisesse, eu fazia o padre abrir a porta em dois tempos.

GALEGO

Nada. Deixa el hombre aí. Quanto mais demorar, mejor...

DEDÉ

Vou dar um pulo até o Mercado de Santa Bárbara.

COCA

Ah, lá a festança já começou é de-hoje. Capoeira, roda de samba... está bom que está danado.

DEDÉ

Tem turista?

COCA

Vi uns gringos.

DEDÉ

Vou até lá. *(Sobe a ladeira com os folhetos embaixo do braço.)*

ROSA

(Para o marido:) Sabe que horas são? Três horas da tarde. Você não está com fome?

ZÉ

Não. Vá ali na mulher do tabuleiro, compre qualquer coisa pra você. *(Tira do bolso uma nota.)*
Rosa toma a nota e vai a Minha Tia.

MINHA TIA

Que é, iaiá?

ROSA

Qualquer coisa pra matar a fome.

MINHA TIA

Precisa mesmo. É de hoje que vosmincês estão aí...

ROSA

Desde manhã cedo.

MINHA TIA

(Fitando Zé-do-Burro com simpatia e incredulidade.) E ele parece um homem tão bom...

SECRETA

(O "tira" clássico. Óculos escuros, mãos nos bolsos, inspira mais receio que respeito. À primeira vista, tanto pode ser o representante da lei como o fugitivo da lei. Entra pela direita e atravessa a cena, lentamente, em direção à vendola. Ao passar por Zé-do-Burro, demora nele um olhar de desabusada curiosidade.) Uma dupla. *(Olha em torno, procurando alguém, consulta o relógio.)*

ROSA

(Durante a entrada do Secreta, esteve escolhendo alguns quitutes no tabuleiro da baiana. Recebe-os agora, embrulhados em folha de banana, das mãos da preta. Paga.)

MINHA TIA

Diga a ele que não desanime, Iansã tem força!
Rosa ri, leva os quitutes para Zé-do-Burro. Este recusa com um gesto. Entra da direita o Guarda, com um jornal na mão.

GUARDA

Vejam! Primeira página com retrato e tudo! *(Mostra o jornal a Rosa, que corre ansiosamente.)*

ROSA

Meu retrato?

GUARDA

Eu também saí.

ROSA

(Examina o retrato.) Hum... o senhor saiu muito bem. A cópia fiel!

GUARDA

(Sorri, vaidoso.) É, eu acho que saí bem. Vou levar pra minha mulher.

ROSA

Quem saiu mal fui eu. *(Faz uma careta de desagrado.)* Horrível.

GUARDA

Não ligue. Fotografia de gazeta é assim mesmo.

ZÉ

(Sua atitude para com Rosa é agora de recalcada e surda revolta. Embora ele não pareça ter certeza ainda de sua infidelidade, instintivamente começa a perceber que ela se encontra do outro lado, do lado daqueles que, por este ou aquele motivo, não o compreendem, ou fingem não compreendê-lo.) Afinal, que é que diz aí?

GUARDA

(Como se só agora lhe ocorresse ler a reportagem.) Ah, sim... *(Lê:)* "O novo Messias prega a revolução."

ZÉ

(Estranha.) Revolução?... *(Espicha o pescoço e lê por cima do ombro do guarda.)*

112

GUARDA

É, revolução. Está aqui. *(Continua:)* "Sessenta léguas carregando uma cruz, pela reforma agrária e contra a exploração do homem pelo homem." *(Entreolham-se sem entender.)*

ZÉ

Eu bem achei que aquele camarada não era certo da bola...

GUARDA

(Continuando a ler:) "Para o vigário da paróquia de Santa Bárbara, é Satanás disfarçado. Quem será afinal Zé-do-Burro? Um místico ou um agitador? O povo o olha com admiração e respeito, pelos caminhos por onde passa com sua cruz, mas o vigário expulsa-o do templo. No entanto, Zé-do-Burro está disposto a lutar até o fim." Acho que o moço não entendeu bem o seu caso. *(Olha-o com certa desconfiança.)* Ou então fui eu que não entendi. *(Dá o jornal a Zé-do-Burro.)* Podem ler. Mas não joguem fora. *(Iniciando a saída.)* Quero levar pra casa. *(Sai.)*

ROSA

Zé, não estou gostando disso.

ZÉ

Nem eu.

ROSA

Não entendi bem o que botaram na gazeta, mas uma coisa me diz que isso não é bom.

ZÉ

(Não esconde o ressentimento que guarda dela.) Bem Maria de Iansã disse. A promessa tinha que ser bem grande. Com certeza Santa Bárbara achou que não era bastante o que eu prometi e está cobrando o restante. *(Fita Rosa.)* Ou está me castigando por eu ter prometido tão pouco.

ROSA

Então eu também estou sendo castigada...

ZÉ

Ou pode ser que esteja me fazendo passar por tudo isso pra me experimentar. Pra ver se eu desisto da promessa. Santa Bárbara está me tentando... e ainda há pouco quase que eu caio.

ROSA

Quando?

ZÉ

Quando aquela sujeita disse tudo aquilo. O sangue me subiu na cabeça e se eu me deixo tentar tinha matado um homem ou uma mulher. Ia preso e não podia cumprir a promessa. Pensei nisso, naquela hora, e agüentei tudo calado. Foi uma prova. Tudo isso é uma provação.

ROSA

(Agarrando-se a uma justificativa para sua própria falta.) Deve ser, sim. É a única explicação pra tudo que aconteceu. Santa Bárbara me usou pra pôr você à prova.

114

ZÉ

Mas Santa Bárbara não tinha feito isso se não conhecesse você melhor que eu...

ROSA

(*Veemente.*) Eu senti, Zé, senti que havia uma vontade mais forte do que a minha me empurrando pra lá... E você ajudando. Você também é culpado. Eu não queria ir, e você insistia. Não é pra me desculpar, mas se tudo é obra de Santa Bárbara, o que é que eu podia fazer?

ZÉ

Podia resistir à tentação, como eu tenho resistido.

ROSA

Era diferente. Não era a mim que ela estava pondo à prova. Era a você. E se ela é santa, se ela pode fazer milagre, pode me obrigar a fazer o que eu não quero, como obrigou. Pode botar o diabo no meu corpo, como botou. Mas isso não vai acontecer mais. Acho até que isso nem aconteceu. Pois se foi uma provação divina...

ZÉ

(*Não muito convencido.*) Esse assunto nós vamos resolver depois, na volta. (*Lê o jornal.*)

Entra Bonitão pela direita e vai diretamente à vendola. Aproxima-se do Secreta. Traz um jornal embaixo do braço.

BONITÃO

(*Em voz baixa, disfarçadamente.*) Você veio depressa (*Para o Galego:*) Uma dose.

O Galego serve.

SECRETA

(Idem.) Que é que você quer falar comigo? Se é sobre a sua volta à Polícia...

BONITÃO

(Corta, sorrindo.) Não, nada disso. Nem estou pensando mais em voltar. Estou muito bem de vida.

SECRETA

Mas tome cuidado. Estão com sua ficha em dia...

BONITÃO

(Ri.) Não acredito. Vocês vivem comendo mosca. Olha aí... *(Indica, com o olhar, Zé-do-Burro.)* No meu tempo, esse cabra já estava no xilindró. *(Noutro tom.)* E vocês me expulsaram...

SECRETA

Quem é ele?

BONITÃO

(Mostrando o jornal.) Tome, leia... Vocês nem lêem gazeta e querem estar em dia. *(O Secreta põe-se a ler o jornal atentamente, dando de vez em quando uma mirada para Zé-do-Burro, como a comprovar as afirmativas. Bonitão atira uma nota sobre o balcão.)*

SECRETA

Você já conversou com ele?

BONITÃO

Já. O homem é perigoso. Banca o anjo de procissão, mas não é à toa que o padreco dali de frente fechou a igreja e jurou que ele não entra.

SECRETA

É, mas a coisa é esquisita.

BONITÃO

Eu, se fosse você, "guardava" ele por uns dias.

SECRETA

Também não pode ser assim. Tenho que investigar, depois comunicar ao Comissário.

BONITÃO

Qual, vocês não sabem trabalhar. Dá o flagra no homem!

SECRETA

Flagra de quê? Ele não está fazendo nada...

BONITÃO

Como não? Agitação social!

SECRETA

Venha comigo.

BONITÃO

(Iniciando a passagem.) Ele vai lhe contar a história de um burro, mas não vá nessa conversa.

GALEGO

(Para Mestre Coca:) Polícia... Estão querendo prender el hombre!

COCA

Está certo, não. Fazer promessa não é crime.
Zé-do-Burro recebe Bonitão e o Secreta com desconfiança. Rosa mostra certo constrangimento diante de Bonitão. Este apresenta o Secreta.

BONITÃO

Um amigo. Quer conversar com vocês. Quer ajudar.

SECRETA

Olá!

ZÉ

(Dentro dele, uma revolta de proporções imprevisíveis começa a crescer.) Ajudar... todo mundo quer ajudar... *(Arrebata o jornal das mãos de Rosa e o faz em pedaços.)*

ROSA

(Assustada.) Não faça isso, homem! É do guarda! Ele pediu pra guardar!

ZÉ

O guarda também quer ajudar. *(Repete como uma obsessão.)* Todos querem ajudar... *(Seu olhar, que começa a ser agora um olhar de fera acuada, cai sobre Bonitão.)* Todos...

SECRETA

O senhor sabe que suas idéias são muito perigosas?

ZÉ

Perigosas?

SECRETA

O senhor não devia dizer isso no jornal. E muito menos aqui, em praça pública. Porque isso pode lhe dar muita aporrinhação.

ZÉ

Mais do que já tive?

SECRETA

Por muito menos, tenho visto muita gente ir parar no xadrez.

ROSA (axadrez)

Xadrez? → Cárcel

SECRETA

Estou avisando como amigo.

ZÉ

Amigo. Já vi que estou cercado de amigos. É amigo por todo lado. Cada qual querendo ajudar mais do que o outro.

SECRETA

O senhor é um revoltado.

ZÉ

Não era, não. Mas estou ficando.

SECRETA

É por isso que está aqui desde esta madrugada?

ZÉ

É. *(Inflamando-se.)* E daqui não saio enquanto não fizer com que todo mundo me entenda! Todo mundo!

SECRETA

Como pretende fazer isso?

ZÉ

Como... sei lá... mas tem de haver um jeito... tem de haver um jeito... *(Desesperado.)* A vontade que eu tenho é de jogar uma bomba... *(Inicia um gesto, como se atirasse uma bomba contra a igreja, mas o braço se imobiliza no ar, ele percebe a heresia que ia proferir, deixa o braço cair e ergue os olhos para o céu.)* Que Deus me perdoe! *(O Secreta e Bonitão trocam olhares significativos. Zé-do-Burro avança dois ou três passos em direção à igreja, isola-se do grupo e grita a plenos pulmões:)* Padre! Padre! *(Dedé desce a ladeira e fica assistindo à cena, curioso.)* Padre, eu andei sete léguas pra vir até aqui! Deus é testemunha! Ainda não comi hoje... e não vou comer até que abra a porta! Um dia, dois... um mês... vou morrer de fome na porta da sua igreja, padre!

O Galego deixa a vendola e vem para o meio da praça, no momento em que surgem também na ladeira dois tocadores de berimbau, de instrumento em punho. Colocam-se ao lado de Mestre Coca e ficam apreciando.

ZÉ

(Gritando, alucinadamente.) Padre, é preciso que me ouça, padre!

Abre-se de súbito a porta da igreja e entra o Padre. O Sacristão atrás dele, amedrontado. Grande silêncio. O Padre avança até o começo da escada.

120

PADRE

Que pretende com essa gritaria? Desrespeitar esta casa, que é a casa de Deus?

ZÉ

Não, padre, lembrar somente que ainda estou aqui com a minha cruz.

PADRE

Estou vendo. E essa insistência na heresia mostra o quanto está afastado da Igreja.

ZÉ

Está bem, padre. Se for assim, Deus vai me castigar. E o senhor não tem culpa.

PADRE

Tenho, sim. Sou um sacerdote. Devo zelar pela glória do Senhor e pela felicidade dos homens.

ZÉ

Mas o senhor está me fazendo tão infeliz, padre!

PADRE

(Sinceramente convicto:) Não! Estou defendendo a sua felicidade, impedindo que se perca nas trevas da bruxaria.

ZÉ

Padre, eu não tenho parte com o Diabo, tenho com Santa Bárbara.

PADRE

(Agora para toda a praça:) Estive o dia todo estudando esse caso. Consultei livros, textos sagrados. Naquele burro está a explicação de tudo. É Satanás! Só mesmo Satanás podia levar alguém a ridicularizar o sacrifício de Jesus.

ROSA

Não, padre, não!

PADRE

Por que não?

ROSA

Porque eu conheço ele. É um bom homem. Até hoje só fez o bem.

PADRE

Lúcifer também foi anjo.

ROSA

É até bom demais. Nunca fez mal a ninguém, nem mesmo a um passarinho. É capaz de repartir o que é dele com os outros. De deixar de comer até... pra dar de comer a um burro. É um homem bom, isso eu garanto.

PADRE

Como pode garantir?

ROSA

Sou mulher dele. Vivo com ele. Durmo na mesma cama, como na mesma mesa.

PADRE

Isso não quer dizer nada...

ROSA

(Com mais veemência.) Como é que não?!
Entra o Guarda da direita e se detém no meio da praça.

PADRE

Lúcifer iludiu o Senhor até o último momento! *(Leva o dedo em riste.)* Mas eu conheço seus adeptos! Mesmo quando se disfarçam sob a pele do cordeiro! Mesmo quando se escondem atrás da cruz de Cristo! A mesma cruz que querem destruir! Mas não destruirão! Não destruirão!
Neste momento, entra o Monsenhor. O Padre está no auge de sua cólera. Ao ver o Monsenhor, seu braço se imobiliza no ar, como ante uma aparição sobrenatural.

PADRE

Monsenhor!

SACRISTÃO

Monsenhor Otaviano!

PADRE

(Grita para a praça:) Deixem passar o monsenhor!
Todos abrem passagem e se curvam respeitosamente. O Monsenhor avança para a igreja. Ao passar por Zé-do-Burro, este lhe cai aos pés e beija-lhe a mão.

MONSENHOR

(Paternal, magnânimo.) Já sei. Estou tratando do seu caso. *(Entra na igreja, seguido dos seminaristas, do Padre e do Sacristão. Fecha-se a porta.)*

GUARDA

É Monsenhor Otaviano! Deve ter vindo a mando do arcebispo!

ROSA

E o padre ficou apavorado quando viu ele, reparou?

DEDÉ

Com certeza o arcebispo mandou puxar as orelhas do padre.

MINHA TIA

Bem feito!

GALEGO

Bem feito, nada. Se deixam el hombre entrar, prejudicam nuestro negócio.

ZÉ

(Com esperança.) Será?... Será que o arcebispo chegou a saber?!

GUARDA

Ora, a cidade inteira já sabe! O rádio já deu!

COCA

Não se fala noutra coisa, da Cidade Baixa até a Cidade Alta!

ZÉ

E ele vir até aqui por causa disso...

ROSA

É porque veio trazer alguma ordem. E ordem do arcebispo!

DEDÉ

Mandou o padre deixar de ser besta.

COCA

Mandou abrir a porta!

MINHA TIA

Eu disse: Iansã tem força! Agora ele vai entrar! Vai entrar!

ZÉ

Eu sabia que Santa Bárbara não ia me desamparar!

Abre-se a porta da igreja. Surgem o Monsenhor e o Padre, seguidos do Sacristão. Há um grande silêncio de expectativa.

MONSENHOR

Venho aqui a pedido do Monsenhor Arcebispo. S. Exa. está muito preocupado com o vulto que está tomando este incidente e incumbiu-me, pessoalmente, de resolver a questão. A fim de dar uma prova de tolerância da Igreja para com aqueles que se desviam dos cânones sagrados...

ZÉ

(Interrompe.) Padre, eu sou católico. Não entendo muita coisa do que dizem, mas queria que o senhor entendesse que eu sou católico. Pode ser que eu tenha errado, mas sou católico.

MONSENHOR

Pois bem. Vamos lhe dar uma oportunidade. Se é católico, renegue todos os atos que praticou por inspiração do Diabo e volte ao seio da Santa Madre Igreja.

ZÉ

(Sem entender.) Como, padre?

MONSENHOR

Abjure a promessa que fez, reconheça que foi feita ao Demônio, atire fora essa cruz e venha, sozinho, pedir perdão a Deus.

ZÉ

(Cai num terrível conflito de consciência.) O senhor acha mesmo que eu devia fazer isso?!

MONSENHOR

É a sua única maneira de salvar-se. A Igreja Católica concede a nós, sacerdotes, o direito de trocar uma promessa por outra.

ROSA

(Incitando-o a ceder.) Zé... talvez fosse melhor...

ZÉ

(Angustiado.) Mas Rosa... se eu faço isso, estou faltando à minha promessa. Seja Iansã, seja Santa Bárbara, estou faltando...

MONSENHOR

Com a autoridade de que estou investido, eu o liberto dessa promessa, já disse. Venha fazer outra.

PADRE

Monsenhor está dando uma prova de tolerância cristã. Resta agora você escolher entre a tolerância da Igreja e a sua própria intransigência.

ZÉ

(Pausa.) O senhor me liberta... mas não foi ao senhor que eu fiz a promessa, foi a Santa Bárbara. E quem me garante que como castigo, quando eu voltar pra minha roça, não vou encontrar meu burro morto?

MONSENHOR

Decida! Renega ou não renega?

MINHA TIA

Êparrei! Maleme pra ele, minha mãe!

COCA

Maleme!

ZÉ

Não! Não posso fazer isso! Não posso arriscar a vida do meu burro!

PADRE

Então é porque você acredita mais na força do Demônio do que na força de Deus! É porque tudo que fez foi mesmo por inspiração do Diabo!

MONSENHOR

Nada mais posso fazer então. *(Atravessa a praça e sai.)*

ZÉ

(Corre na direção do Monsenhor.) Monsenhor! Me deixe explicar! *(No auge do desespero.)* Me deixe explicar!

PADRE

Que ninguém agora nos acuse de intolerantes. E que todos se lembrem das palavras de Jesus: "Porque surgirão falsos Cristos e falsos profetas, e farão tão grandes sinais e prodígios que, se possível fora, enganariam a muitos."

ZÉ

Padre, eu não quero enganar ninguém.

PADRE

Enganaria a muitos, sim. E muitos o seguiriam ao sair daqui.

ZÉ

Eu não quero que ninguém me siga!

PADRE

Mas seguiriam, como já o seguiram pelas estradas, sem saber que seguiam a Satanás!

ZÉ

(Subitamente fora de si, corre para a cruz, levanta-a nos braços como um aríete e grita:) Padre! Por Santa Bárbara ou por Satanás, vou colocar esta cruz dentro da igreja, custe o que custar!

PADRE

(Ante a decisão que vê estampada no rosto de Zé-do-Burro, recua, amedrontado.) Eis a prova: um católico não ameaça

invadir a casa de Deus! Guarda! Prenda esse homem! *(E ante a investida de Zé-do-Burro, que caminha para a igreja, corre seguido do Sacristão e cerra a porta no momento mesmo em que Zé sobe os degraus. Este, revoltado e vencido, atira a cruz contra a porta. A cruz tomba, estrondosamente, sobre a escada. Zé-do-Burro senta-se num dos degraus e esconde o rosto entre as mãos.)*

COCA

(Para os tocadores de berimbau:) Fiquem aqui. Vou chamar o resto do pessoal. *(Sobe a ladeira.)*

BONITÃO

(Para o Secreta:) Que está esperando? Não está convencido ainda?...

SECRETA

(Faz um sinal afirmativo com a cabeça.) Espere... *(Sai pela direita.)*

ROSA

(Que percebeu a troca de palavras entre o Secreta e Bonitão.) Espere o quê? Quem é ele?

BONITÃO

Um secreta.

ROSA

(Começando a compreender.) Polícia! Você...? Você denunciou...?!

BONITÃO

Daqui a pouco você vai ficar livre desse idiota.

ROSA

(Horroriza-se ante a idéia da traição.) Você não devia ter feito isso! Não devia!

BONITÃO

É pro seu bem. Pro nosso bem.

ROSA

(Angustiada pelo conflito de consciência que se apossa dela.) Não... assim, não! Eu não queria assim!

BONITÃO

Agora... está feito.

Rosa se debate em seu conflito: de um lado, sua noção de lealdade gerando um repúdio natural à delação. Do outro, todos os seus recalques sexuais, sua ânsia de libertação, de realização mesmo, como mulher, que Bonitão veio despertar. Enquanto isso, Zé-do-Burro, sentado nos degraus da igreja, sofre uma crise nervosa. Soluça convulsivamente. Os tocadores de berimbau fazem gemer a corda de seus instrumentos.

E lentamente, enquanto as luzes de cena se apagam, CAI O PANO.

Terceiro Ato

Entardecer. A praça está cheia de gente. Na escadaria da igreja, Zé-do-Burro e Rosa. Na vendola, o Galego. À frente da vendola formou-se uma roda de capoeira. Dois tocadores de berimbau, um de pandeiro e um de reco-reco, sentados num banco, e os "camarados", formando um círculo, ao centro do qual, de cócoras, diante dos músicos, estão Mestre Coca e Manuelzinho Sua-Mãe. Dedé Cospe-Rima está entre os componentes da roda e Minha Tia não se encontra em cena. Choram os berimbaus, e Rosa, dominada pela curiosidade, aproxima-se da roda.

MESTRE DO CORO

(Canta:)

Sinhazinha que vende aí?
Vendo arroz do Maranhão
Meu sinhô mandô vendê
Na terra do Salomão.
Aruandê
Camarado.

CORO

Ê, ê
Aruandê
Camarado.

MESTRE

Galo cantô

CORO

Ê, ê
Aruandê
Camarado

MESTRE

Cocorocô

CORO

Ê, ê
Aruandê
Camarado

MESTRE

Goma de gomá

CORO

Ê, ê
Goma de gomá
Camarado

Ferro de matá

Ê, ê
Ferro de matá
Camarado

É faca de ponta

Ê, ê
Faca de ponta
Camarado

Vamos embora

Ê, ê
Vamos embora
Camarado

Pro mundo afora

CORO

Ê, ê
Pro mundo afora
Camarado

MESTRE

Dá volta ao mundo

CORO

Ê, ê
Volta ao mundo
Camarado.

E tem início o jogo. Mestre Coca e Manuelzinho Sua-Mãe percorrem a roda virando o corpo sobre as mãos e começam a luta-dança, cuja coreografia é ditada pelo toque do berimbau.

DEDÉ

(Grita.) Quero ver um rabo-de-arraia, Mestre Coca!

UMA VOZ

Manuelzinho Sua-Mãe é porreta no aú!

OUTRA VOZ

Eu queria vê isso à vera.

MESTRE DO CORO

Quem te ensinô essa mandinga?
Foi o nego de sinhá.

O nego custô dinhero,
dinhero custô ganhá, Camarado.

CORO

Cai, cai, Catarina,
sarta de má, vem vê Dalina.

MESTRE DO CORO

Amanhã é dia santo,
dia de corpo de Deus.
Quem tem roupa vai na missa,
quem não tem faz como eu.

CORO

Cai, cai, Catarina,
sarta de má, vem vê Dalina.

MESTRE DO CORO

Minino, quem foi teu mestre?
quem te ensinô a jogá?
— Sô discip'o que aprendo
meu mestre foi Mangangá,
na roda que ele esteve,
outro mestre lá não há,
Camarado.

Cai, cai, Catarina,
sarta de má, vem vê Dalina.

*Rosa, apreensiva, nervosa, desinteressa-se da capoeira; vai
até a ladeira, olha para o alto, ansiosamente, como se esperasse
alguém, depois volta para junto do marido. Muda o ritmo do jogo.*

MESTRE DO CORO

Panha a laranja no chão, tico-tico
ai, se meu amô fô s'imbora eu não fico

CORO

Panha a laranja no chão, tico-tico

MESTRE DO CORO

Minha camisa é de renda de bico

CORO

Panha a laranja no chão, tico-tico

MESTRE DO CORO

Ai, se meu amô fô s'imbora eu não fico

*E novamente muda o jogo, agora rápido, com os dois joga-
dores empenhando-se em golpes de espantosa agilidade, no ritmo
cada vez mais acelerado da música.*

MESTRE DO CORO

Santa Bárbara que relampuê
Santa Bárbara que relampuá

CORO

Santa Bárbara que relampuê
Santa Bárbara que relampuá

MESTRE DO CORO

Vou pidi à Santa Bárbara
Pra ela me ajudá

CORO

Santa Bárbara que relampuê
Santa Bárbara que relampuá*

Esse estribilho é repetido várias vezes em ritmo cada vez mais rápido, até que Minha Tia surge no alto da ladeira e merca, num canto sonoro.

MINHA TIA

Óia, o ca-ru-ru!
Cessam de repente o canto e o acompanhamento. Os jogadores param de jogar.

---

* A capoeira não deve durar mais que dois minutos, a fim de não quebrar a continuidade dramática da peça.

MINHA TIA

É o caruru de Santa Bárbara, minha gente!

A roda de capoeira se desfaz, alegremente. Todos cercam Minha Tia, que vai instalar seu tabuleiro no local costumeiro, ajudada pelos capoeiristas. Apenas os músicos continuam nos seus bancos, e Mestre Coca vai à vendola. Rosa também permanece junto ao marido, demonstrando um nervosismo, uma ansiedade crescente.

DEDÉ

O primeiro caruru é meu, Minha Tia!

Minha Tia enche um prato e coloca-o de lado, no chão.

DEDÉ

Pra quem é esse?

MINHA TIA

É pra Santa. *(Enche outro prato, dá a Dedé.)* Agora sim, é seu.

Dedé recebe o prato e dirige-se à vendola.

COCA

(Tira do bolso uma nota e coloca-a sobre o balcão.) Aposto cem.

GALEGO

(Coloca uma nota sobre a de Mestre Coca.) Casado.

COCA

Fica na mão de quem? *(Dedé vem se aproximando.)* De Dedé Cospe-Rima.

DEDÉ

Também quero entrar nessa aposta.

COCA

O Galego diz que o padreco não deixa o homem entrar. Eu digo que vai acabar entrando, hoje mesmo, com cruz e tudo.

GALEGO

Entra nada. Yo conheço esse padre. Moça com vestido decotado no entra nesta igreja. Yo mismo já vi ele parar la missa até que uma turista americana, de calças compridas, se retirasse...

DEDÉ

E eu digo que o homem entra, mas não hoje, amanhã. O padre quer humilhar ele primeiro, mas depois vai ficar com medo dele ir se queixar pra Santa Bárbara e vai abrir a porta.

GALEGO

Pero usteds no entenderam la cosa. Ele no fez promessa para Santa Bárbara. Fez para Iansã, num candomblé.

COCA

E que tem isso?

GALEGO

Tem que candomblé és candomblé e igreja és igreja.

COCA

E a santa não é a mesma?

DEDÉ

Não, o Galego tem razão. A santa pode ser a mesma, mas o padre tem medo da concorrência e quer defender o seu negócio.

COCA

Mas não adianta. Iansã tem força. O homem entra.

GALEGO

Nem Iansã nem todos os orixás do candomblé fazem ele entrar.

DEDÉ

Entra, sim. Amanhã ele entra. *(Num tom de mistério.)* E não se admirem se for eu que fizer ele entrar...

GALEGO

Usted?

DEDÉ

Sim, eu, Dedé Cospe-Rima.

COCA

E como?

DEDÉ

Ah, isso é segredo profissional.

COCA

Então, se ele entrar hoje, ganho eu. Se entrar amanhã, ganha você. Se não entrar, ganha o Galego.

DEDÉ

Fechado.

COCA

Bota cem pratas. *(Estende a mão.)*

DEDÉ

(Segura o prato com uma das mãos, com a outra remexe os bolsos.) Não tenho ainda não, mas de noite eu lhe dou.

COCA

(Desconfiado.) Vê lá, hem? *(Dá o dinheiro ao Galego.)* Por via das dúvidas, fica com o dinheiro, Galego.

MANUELZINHO

(Aproxima-se de Mestre Coca.) Tu tá um bicho na capoeira, Mestre Coca.

COCA

Você é quem diz.

MANUELZINHO

Tinha ido pro mercado, pensando que ia ser lá a vadiação. Lá me disseram que tinha vindo todo mundo pra cá.

COCA

Por causa do homem da cruz.

MANUELZINHO

Diz que ele quer cumprir obrigação pra Iansã.

UM CAPOEIRA

Quer botar essa cruz lá dentro da igreja.

OUTRO CAPOEIRA

E já quiseram até prender ele.

MANUELZINHO

Só por causa disso?

UM CAPOEIRA

Então.

MANUELZINHO

Não pode!

COCA

Não pode e não vão fazer. O homem não fez nada.

DEDÉ

(Aproxima-se de Zé-do-Burro.) Amanhã... amanhã você entra, meu camarado. Lhe garanto. Vou hoje pra casa escrever a história desse Padre. Sei umas coisas dele... e se precisar a gente inventa. Amanhã vou chegar aqui com uma tabuleta: "Aguardem! O Padre que fechou a casa de Deus!" Vai ver se ele abre ou não abre a porta. Ou abre ou vai ter que me passar uma gaita pra não publicar os versos. *(Pisca o olho e afasta-se.)*

MINHA TIA

(Para Rosa:) Não quer também, iaiá?

ROSA

Não.

Comida tradicional

MINHA TIA

Caruru de Santa Bárbara. Antigamente a gente fazia isso e era de graça. Hoje, com a vida do jeito que está, a gente tem mesmo é que cobrar.

GALEGO

(Atravessa a praça com um prato de sanduíches na mão e vai a Zé-do-Burro.) Pero yo no cobro nada. *(Oferece.)* Oferta da casa.

ZÉ

Pra mim?

GALEGO

Si, para usted. Cachorro-quente. Después trarê un cafezito.

ZÉ

Não, obrigado.

GALEGO

Pode aceitar sin constrangimento. E podemos até hacer un negócio. Se usted promete no arredar pé de acá, yo me comprometo a fornecer comida e bebida gratuitamente para los dos.

ZÉ

Não, não tenho fome.

GALEGO

(Muito preocupado.) Pero asi usted no poderá resistir!

ZÉ

Não importa.

GALEGO

(Oferece a Rosa.) A senhora não quer?...

ROSA

Não estou com vontade.

GALEGO

(Encolhe os ombros, conformado.) Bien... *(Volta à venda.)*

ZÉ

(Ele observa a intranqüilidade indisfarçável de Rosa, que a todo momento olha assustada para a ladeira ou para a rua, esperando ver surgir a polícia.) Que é que você tem?

ROSA

Nada. Queria era ir embora.

ZÉ

Sozinha?

ROSA

Não, com você.

ZÉ

(Com intenção.) Pensei que estivesse farta de mim.

ROSA

O que faz um palhaço

(Nervosamente.) Estou farta é dessa palhaçada. Estamos aqui bancando os bobos. Toda essa gente está rindo de nós, Zé! Quem não está rindo, está querendo se aproveitar.

É uma gente má, que só pensa em fazer mal. *(Sacode-o pelos ombros, como para chamá-lo à realidade.)* Largue a cruz onde está, Zé, e vamos embora pra nossa roça, antes que seja tarde demais!

ZÉ

De que é que você está com medo?

ROSA

De tudo.

ZÉ

Não é de você mesma?

ROSA

Também! Mas já não sou eu quem corre perigo, é você.

ZÉ

Que perigo?

ROSA

Você não vê? Não sente? Não respira? Está no ar!... E cada minuto que passa, aumenta o perigo. *(Olha para todos os lados, como fera acuada.)* Esta praça está ficando cada vez menor... como se eles estivessem fechando todas as saídas. *(Volta-se para ele, com veemência.)* Vamos embora, Zé, enquanto é tempo!

ZÉ

(Desconfiado.) Que deu em você assim de repente?

Não é de repente, desde que chegamos que eu estou querendo voltar. Você foi que teimou em ficar. Por mim, você tinha largado aí essa cruz e voltado no mesmo pé. *(Com intenção.)* A esta hora, já estava na estrada, longe daqui, e nada tinha acontecido.

ZÉ

Você acha que depois de andar sete léguas eu ia voltar sem cumprir a promessa?

ROSA

Você já pagou essa promessa, Zé. Não é sua culpa se há gente sempre disposta a ver demônios em toda parte, até mesmo naqueles que estão do lado deles e que odeiam também o Demônio. E gente que vai acabar enxergando na própria sombra a figura do Diabo.

Entreabre-se a porta da igreja e surge na fresta a cabeça do Sacristão, que ao ver Zé-do-Burro torna a entrar e fechar a porta.

ROSA

Está vendo? O padre mandou ver se você ainda está aqui; não vai abrir a porta enquanto a gente não for embora. Vamos, Zé!

ZÉ

(Reage com irritação, procurando combater em si mesmo o desejo de ceder.) Não, já disse que não. Só arredo pé daqui depois de levar a cruz lá dentro da igreja.

O Secreta entra da direita e atravessa a praça em direção à vendola, observando, dissimuladamente, Zé-do-Burro. Ao vê-

lo, Rosa não esconde sua inquietação. Acompanha-o com um olhar amedrontado até a vendola.

SECRETA

(Para o Galego:) Uma meladinha.
Galego serve a cachaça com mel.

ZÉ

(Notando a apreensão de Rosa.) Que foi?

ROSA

Ele não é nosso amigo.

ZÉ

E que tem isso?

ROSA

Ouvi dizer que é da Polícia.

ZÉ

Não sou nenhum criminoso, não fiz mal a ninguém.

ROSA

Por isso mesmo que eu tenho medo, porque você não sabe fazer mal... e eles sabem!
Mestre Coca e Manuelzinho vão à vendola, encostam-se no balcão junto do Secreta.

GALEGO

Que van hacer com o homem?

SECRETA

Deixe que eu cuido disso.

COCA

Mas ele não fez nada...

SECRETA

(Lança a Mestre Coca um olhar de intimidação.) E é melhor não se meterem onde não são chamados.

Secreta bebe a cachaça de um trago, coloca uma moeda sobre o balcão e volta a atravessar a cena, com ar misterioso, saindo pela rua da direita. Mestre Coca e Manuelzinho trocam um olhar de solidariedade.

ROSA

Ele só veio ver se a gente ainda estava aqui. Vamos aproveitar, antes que ele volte.

ZÉ

Deixe de bobagem. Não sou menino que quando brinca com fogo mija na cama. *(Põe-se a picar fumo com uma faquinha.)* fazer chichi

MARLI

(Entra da direita, atravessa a cena, lentamente, num andar provocante.)

DEDÉ

(Referindo-se a Marli.) Boa moça... só que casou com a humanidade...

Mestre Coca ri.

MARLI

(Na venda, para o Galego:) Viu Bonitão?

149

GALEGO

Já esteve aqui várias vezes, hoy.

MARLI

(Referindo-se a Rosa.) Eu sei... e sei também o motivo

GALEGO

Festa de Iansã?...

MARLI

Não é bem Iansã, é outro orixá...

ROSA

(Para Zé-do-Burro:) Vou ali, preciso falar com aquela mulher.

ZÉ

Que é que você ainda tem que falar com ela? Não lhe basta a vergonha que ela lhe fez passar?

ROSA

Mas eu preciso, Zé! Eu preciso! *(Vai à vendola. Zé-do-Burro a segue com um olhar de profunda desilusão.)* Preciso falar com você.

MARLI

(Hostil, estranhando.) Comigo?

ROSA

Ou melhor, com ele, Bonitão. Onde ele está?

MARLI

Sujeita sem-vergonha. Dá em cima do meu homem e ainda tem o descaramento de vir me pedir pra dizer onde ele está! Não lhe basta o seu? Precisa do meu pra se contentar?

ROSA

Não preciso do seu homem pra nada. Quero só falar com ele, pra evitar uma desgraça.

MARLI

(Ameaçadora.) Se você quer mesmo evitar uma desgraça, o melhor é deixar ele em paz.

ROSA

Mas eu tenho que falar com ele. Juro que é assunto sério.

MARLI

Você pode enganar o trouxa do seu marido. Mas a mim, não!

ROSA

Onde ele mora?

MARLI

Mora comigo.

ROSA

Mentira. Eu sei que ele mora num hotel.

MARLI

Pois vá lá atrás dele, pra ver o que lhe acontece.

ROSA

(*Reagindo.*) Pare com isso que eu não tenho medo de você.

MARLI

Nem eu de você.

As duas se olham desafiadoramente a ponto de quase se atracarem. Zé-do-Burro, que ouviu a discussão, aproxima-se.

ZÉ

Rosa, você perdeu a cabeça? Não sabe qual é o seu lugar? Discutindo na rua com uma... (*Completa a frase com um gesto de desprezo.*)

MARLI

Com uma o quê, seu beato pamonha? Carola duma figa! A mulher dando em cima do homem da gente e ele aí agarrado com essa cruz! Isso também faz parte da promessa?

ROSA

Cale essa boca! Não se meta com ele. Ele não tem nada com isso!

MARLI

Não tem! Não é seu marido?

ROSA

É, mas não se rebaixa a discutir com você.

MARLI

(*Mede-o de cima a baixo, com mais desprezo ainda.*) Corno manso! (*Dá-lhe as costas, bruscamente, e sobe a ladeira.*)

152

Galego solta uma gargalhada, que corta de súbito, ante o olhar ameaçador de Zé-do-Burro. Este, num gesto instintivo, ergue a pequena faca de picar fumo.

ROSA

Zé!

GALEGO

(Intimidado.) Perdón... no se puede dar confiança a essas mujeres...

ZÉ

(Para Rosa, num tom que revela sua desilusão, sua revolta e sua decisão de não mais deixar-se iludir:) Esta noite a gente vai embora.

ROSA

E por que não agora?

ZÉ

Vamos deixar passar o dia de Santa Bárbara.

ROSA

De noite, talvez seja tarde.

ZÉ

Tarde pra quê?

ROSA

Pra voltar!

ZÉ

O que você ainda queria falar com aquele sujeito?

ROSA

Pedir pra ele deixar você em paz.

ZÉ

A mim?

ROSA

Ele denunciou você à Polícia.

ZÉ

Mas eu sou um homem de bem. Nunca tive nada com a Polícia.

ROSA

Eu sei. Mas eles torcem as coisas. Confundem tudo. *(Angustiada.)* Zé! Ouça o que eu digo. A gente devia ganhar a estrada agora mesmo. Neste minuto.
O Repórter e o Fotógrafo entram pela direita, a tempo de ouvir a última fala de Rosa.

REPÓRTER

Eh, que é isso? Já estão pensando em ir embora?!

ZÉ

(Hostil.) Vou embora quando quiser, não tenho que dar conta disso a ninguém. *(Dá as costas ao Repórter, ostensivamente, e volta para junto da cruz, na escadaria da igreja. O Fotógrafo conversa qualquer coisa com os componentes da roda de capoeira e sai seguido de Mestre Coca e mais três ou quatro.)*

REPÓRTER

Vocês não estão falando sério, não? Sim, porque eu espero que vocês cumpram o que prometeram. Meu jornal está cumprindo. Já tomei todas as providências para que sua estada aqui até segunda-feira seja a mais agradável possível.

ROSA

Como?

Neste instante, entram os capoeiristas conduzindo primeiro uma tenda de pano já armada e em seguida um colchão de molas. Na tenda, há um letreiro: Oferta da Casa da Lona. No colchão há outro: Gentileza da Loja Sonho Azul. Com enorme espanto de Zé-do-Burro e Rosa, eles colocam a barraca no meio da praça e o colchão dentro da barraca.

REPÓRTER

Fomos aos nossos clientes e eles se dispuseram prontamente a colaborar conosco.

Entra o Fotógrafo trazendo uma mesinha e um rádio de pilha, que coloca também na barraca.

ZÉ

(Surpreso.) O senhor trouxe essas coisas... pra nós?

REPÓRTER

Bem, julgamos que um pouco de conforto durante esses dias não reduzirá o valor de sua promessa. Além disso, segunda-feira, depois da entrada triunfal na igreja, o senhor percorrerá a cidade em carro aberto, com batedores, num percurso que irá daqui até a redação do nosso jornal. De lá, irá ao Palácio do Governo, onde será recebido pelo governador. *(Zé vai dizer qualquer coisa e ele o interrompe.)* Já sei: vai dizer que se o vigário de Santa Bárbara não o deixa entrar em sua igreja, o Governador vai também lhe bater com a porta na cara. Não se preocupe. Já estamos mexendo os pauzinhos. E se o senhor puder dizer uma palavrinha a favor do candidato oficial nas próximas eleições, estará tudo arranjado.

desfile como governador

ROSA

Por favor, leve tudo isso daqui. Nós estamos de partida.

REPÓRTER

De partida? Não, não pode ser, isso seria um desastre para mim! O jornal já fez despesas, já compramos foguetes, contratamos uma banda de música para a volta...

ROSA

A volta vai ser hoje mesmo.

REPÓRTER

Hoje?! Mas não dá tempo!... Não está nada preparado... O que é que a senhora pensa? Que é assim tão simples organizar uma promoção de venda? É muito fácil pegar uma cruz, jogar nas costas e andar sessenta léguas. Mas um jornal é uma coisa muito complexa. Mobilizar todos os departamentos para dar cobertura... e depois, eu já lhe disse, amanhã é domingo, não tem jornal!

ROSA

(Irritando-se.) E qual é o meu?! Que se dane o seu jornal! Eu quero é ir embora daqui! O Zé tem razão, vocês todos querem ajudar, ajudar... ajudam mas é a desgraçar a vida da gente.

REPÓRTER

Está precisando de alguma ajuda... particular?

ROSA

Estou. A Polícia anda rondando a praça.

REPÓRTER

A Polícia?

ROSA

Um secreta. Estão querendo levar ele preso.

REPÓRTER

Por quê?

ROSA

(Pensa um pouco.) Talvez porque ele é bom demais. E o resto é gente safada.

REPÓRTER

Hum... bem me pareceu que por trás dessa história do burro, da promessa, havia qualquer coisa... uma intenção oculta e um objetivo político. A Polícia, naturalmente, percebeu também.

ROSA

Mas ele não tem nenhuma intenção, a não ser a de pagar a promessa!

REPÓRTER

(Sorri, descrente.) É claro que a senhora não vai dizer. Nem ele também. Mas podem contar comigo e com o meu jornal. Se ele for preso, daremos toda a cobertura. Abriremos manchetes na primeira página. Será uma maravilha para ele!

ROSA

Maravilha! Maravilha ser preso?!

REPÓRTER

Todo líder precisa ser preso pelo menos uma vez!

ROSA

Eu acho que o senhor é maluco. O senhor, esse padre, a Polícia, todos. E eu também, se não me cuidar, vou acabar ficando.
(Olha, ansiosamente, para o alto da ladeira.)

REPÓRTER

(Chama de parte o Fotógrafo.) Prepare-se, que daqui a pouco é capaz de haver bafafá. rukvs
Rosa, angustiada, volta para junto do marido.

ROSA

Desista, Zé. Desista.

ZÉ

Por que você não senta aqui e espera até a hora de ir embora?

ROSA

(Senta-se num degrau.) É, o jeito é esperar.

DEDÉ

(Vai a eles com seus folhetos.) E enquanto espera, deve aproveitar para melhorar sua cultura. O "ABC da Mulata Esmeralda", modéstia à parte, é uma verdadeira jóia da literatura brasileira. Por 10 cruzeiros apenas, o senhor poderá ler os mais inspirados versos que uma mulata jamais inspi-

rou. *(Zé-do-Burro balança negativamente a cabeça. Dedé vai a Minha Tia.)*

DEDÉ

Poesia está muito por baixo, Minha Tia. Quem está por cima é o caruru. *(Aproxima-se da roda de capoeira. Zé-do-Burro sobe um ou dois degraus, fita, revoltado, a porta cerrada.)*

MINHA TIA

(Para Zé-do-Burro:) Não desanime, moço. Hoje é dia de Iansã, mulher de Xangô, orixá dos raios e das tempestades. Mais logo, nos terreiros, ela está descendo no corpo dos seus cavalos. Vai falar com ela, moço, vai pedir a proteção de Iansã, que tudo quanto é porta há de se abrir. *(Ouvem-se trovões mais fortes que da vez anterior.)* Óia!... *(Aponta para o céu.)* Iansã está falando!... *(Abaixa-se, toca o chão com a ponta dos dedos, depois a testa e saúda Iansã.)* Êparrei, minha mãe!

Neste momento, surge Bonitão na ladeira. Rosa levanta-se, movida por uma mola. Zé-do-Burro, com os olhos pregados na porta da igreja, não o vê. Não vê que os olhares de Rosa e Bonitão se cruzam de um extremo a outro da praça. E que ele, da ladeira, faz para ela um gesto, convidando-a a acompanhá-lo. Rosa hesita, presa de tremendo conflito. Olha para Zé-do-Burro, para Bonitão. Este a espera, certo de que ela acabará por ir ao seu encontro. Minha Tia, Galego e Dedé percebem o que se passa e aguardam atentamente. Vendo que ela não se decide, Bonitão dá de ombros, sorri e acena num gesto curto de despedida. Inicia a subida da ladeira, mas pára depois de dar dois ou três passos, fora do ângulo visual de Rosa e Zé-do-Burro. Ela, como que atraída por um ímã, inicia o movimento para segui-lo, quando Zé-do-Burro volta-se.

ZÉ

Aonde vai, Rosa?

ROSA

(*Detém-se.*) Vou ali, já volto.

ZÉ

Ali aonde?

ROSA

No hotel onde dormi. Lembrei agora que esqueci lá o meu lenço. (*Avança mais na direção da ladeira.*)

ZÉ

Rosa!

ROSA

(*Pára, já na altura da ladeira, vê Bonitão à sua espera.*) Que é?

ZÉ

(*Num apelo e numa advertência que é quase uma súplica.*) Deixe esse lenço pra lá!

ROSA

(*Hesita ainda um pouco.*) Não posso, Zé. Eu preciso dele!

ZÉ

Compro outro pra você, Rosa!

ROSA

Pra que, Zé, gastar dinheiro à toa... é daquele que eu gosto. *(Sobe a ladeira.)*

Bonitão passa o braço pela cintura dela e os dois saem. Galego e Dedé Cospe-Rima trocam olhares significativos.

DEDÉ

(Canta:)

Quem corta e prepara o pau
Quem cava e faz a gamela,
Toma a si todo o trabalho
E depois fica sem ela...

O sino da igreja começa a tocar as Ave-marias. A Beata surge no alto da ladeira, apressada. Ao passar pela roda de capoeira, que novamente se anima, tem um ar de repulsa e indignação.

BEATA

Falta de respeito! Bem em frente da igreja. Este mundo está perdido!

MINHA TIA

(Oferece:) Caruru, iaiá?

BEATA

(Pára junto a ela.) Quê?

MINHA TIA

Caruru de Iansã...

BEATA

(Como se ouvisse o nome do Diabo.) Iansã?! E que é que eu tenho com dona Iansã? Sou católica apostólica romana, não acredito em bruxarias!

MINHA TIA

Adiscurpe, iaiá, mas Iansã e Santa Bárbara não é a mesma coisa?

BEATA

Não é não senhora! Santa Bárbara é uma santa. E Iansã é... é coisa de candomblé, que Deus me perdoe! *(Benze-se repetidas vezes e sai.)*

CORO

Quem corta e prepara o pau
Quem cava e faz a gamela,
Toma a si todo o trabalho
E depois fica sem ela.

Mestre Coca entra correndo.

COCA

(A Zé-do-Burro:) Meu camarado, trate de ir embora! Estão lhe arrumando uma patota!

ZÉ

O quê?

COCA

Chegou um carro da Polícia! Eles estão com o padre, na sacristia.

MINHA TIA

Vieram por causa dele?

COCA

Então!

ZÉ

Mas eu não roubei, não matei ninguém!

DEDÉ

Quer um conselho? Experiência própria: com a Polícia, é melhor fugir do que discutir.

COCA

Ande depressa que nós agüentamos eles aqui até você ganhar o mundo!

ZÉ

Não, eu não vou fugir como qualquer criminoso, se estou com a minha consciência tranqüila.

DEDÉ

Ele não se separa da cruz.

COCA

A gente esconde a cruz.

MINHA TIA

E de noite ele leva ela pra Iansã.

COCA

Vamos todo mundo levar! Todos os capoeiras da Bahia!

MINHA TIA

É a mesma coisa, meu filho! Iansã é Santa Bárbara. Eu lhe mostro lá no peji a imagem da santa.

COCA

É preciso se decidir, meu camarado! Antes que seja tarde.

ZÉ

(Balança a cabeça, sentindo-se perdido e abandonado.) Santa Bárbara me abandonou! Por que, eu não sei... não sei!

ROSA

(Desce a ladeira correndo.) Zé! Não adianta... não adianta mais... Falei com ele, mas não adianta. A Polícia já está aí! Vem cercar a praça!

COCA

Eu não disse?

DEDÉ

É preciso andar depressa, meu irmão!

MINHA TIA

Some daqui, meu filho!

ROSA

Vamos, Zé!

ZÉ

Santa Bárbara me abandonou, Rosa!

ROSA

Se ela abandonou você, abandone também a promessa. Quem sabe se não é ela mesma que não quer que você cumpra o prometido?

ZÉ

Não... mesmo que ela me abandone, eu preciso ir até o fim. Ainda que já não seja por ela... que seja só pra ficar em paz comigo mesmo.

Subitamente, abre-se a porta da igreja e entram o Delegado, o Secreta, o Guarda, o Padre e o Sacristão.

SECRETA

(Aponta para Zé-do-Burro.) É esse aí. *(Avança para Zé-do-Burro, seguido do Delegado e do Guarda.)*

GUARDA

(Como que se desculpando.) Eu já cansei de pedir a ele pra sair daqui, seu delegado, não adiantou.

DELEGADO

(Faz o Guarda calar com um gesto autoritário.) Seus documentos.

ZÉ

(Estranha.) Documentos?...

DELEGADO

Carteira de identidade.

ZÉ

Tenho não.

DELEGADO

Outra carteira, outro documento qualquer.

ZÉ

Moço, eu vim só pagar uma promessa. A Santa me conhece, não precisava trazer carteira de identidade.

DELEGADO

(Sorri irônico.) Pagar uma promessa... Pensa que nós somos idiotas.

SECRETA

Não demora e ele conta a história do burro.

DELEGADO

Ele vai contar essas histórias todas mas é na Delegacia. Vamos, acompanhe-me.

ZÉ

(Seu olhar vai do Delegado ao Secreta e ao Guarda, sem entender o que se passa.) Acompanhar o senhor... pra quê?

DELEGADO

Mais tarde você verá. Sou delegado deste distrito. Obedeça.

ZÉ

Não posso. Não posso sair daqui.

DELEGADO

Não pode por quê?

COCA

Promessa, seu delegado. Ele é crente.

DELEGADO

O padre disse que ele ameaçou invadir a igreja. Pediu garantias.

SECRETA

Eu mesmo ouvi ele dizer que ia jogar uma bomba. Todo mundo aqui é testemunha!

DELEGADO

Uma bomba, hem... Vamos à Delegacia, quero que o senhor me explique isso tudo direitinho.

SECRETA

Vamos. *(Segura Zé-do-Burro por um braço, mas este se desvencilha.)* Que é? Vai reagir?

GUARDA

(Apaziguador.) Acho melhor o senhor obedecer...

DELEGADO

Se ele reagir, pior para ele. Não estou disposto a perder tempo e conheço de sobra esses tipos. Só se entregam mesmo é à bala.

ROSA

Não!

ZÉ

Os senhores devem estar enganados. Devem estar me confundindo com outra pessoa. Sou um homem pacato, vim só pagar uma promessa que fiz a Santa Bárbara. *(Aponta para o Padre.)* Aí está o vigário para dizer se é mentira minha!

PADRE

É mentira, sim! E não somente mentira, também um sacrilégio!

ZÉ

Padre, o senhor não pode dizer que é mentira, que não fiz essa promessa!

PADRE

Sim, talvez tenha feito, por inspiração de Satanás. Há quem diga que não estamos mais em época de acreditar em bruxas. No entanto, elas ainda existem. Mudaram talvez de aspecto, como Satanás mudou de métodos. É mais difícil combatê-las agora, porque são inúmeros os seus disfarces. Mas o objetivo de todas continua a ser um só: a destruição da Santa Madre Igreja!

DELEGADO

Padre, este homem...

PADRE

Este homem teve todas as oportunidades para arrepender-se. Deus é testemunha de que fiz todo o possível para salvá-lo. Mas ele não quer ser salvo. Pior para ele.

DELEGADO

(Que ganhou decisão com o sermão do Padre.) Sim, pior para ele. *(Avança um passo na direção de Zé-do-Burro, que recua e fica encurralado contra a parede.)*

ZÉ

(Decidido a resistir.) Não. Ninguém vai me levar preso! Não fiz nada pra ser preso!

DELEGADO

Se não fez não tem o que temer, será solto depois. Vamos à Delegacia.

ROSA

Não, Zé, não vá!

GUARDA

É melhor... na Delegacia o senhor explica tudo.

DEDÉ

Não caia nessa, meu camarado.

ZÉ

Agora eu decidi: só morto me levam daqui. Juro por Santa Bárbara, só morto.

SECRETA

(Vê a faca na mão de Zé-do-Burro.) Tome cuidado, chefe, que ele está armado! *(Observa a atitude hostil dos capoeiras.)* E essa gente está do lado dele!

COCA

Estamos mesmo. E aqui vocês não vão prender ninguém!

DELEGADO

Não vamos por quê?

MANUELZINHO
Porque não está direito!

DELEGADO
Estão querendo comprar barulho ?

COCA
Vocês que sabem...

DELEGADO
Não se metam, senão vão se dar mal!

SECRETA
E é melhor que se afastem.

ROSA
Zé!

ZÉ
Me deixe, Rosa! Não venha pra cá!

Zé-do-Burro, de faca em punho, recua em direção à igreja. Sobe um ou dois degraus, de costas. O Padre vem por trás e dá uma pancada em seu braço, fazendo com que a faca vá cair no meio da praça. Zé-do-Burro corre e abaixa-se para apanhá-la. Os policiais aproveitam e caem sobre ele para subjugá-lo. E os capoeiras caem sobre os policiais para defendê-lo. Zé-do-Burro desaparece na onda humana. Ouve-se um tiro. A multidão se dispersa como num estouro de boiada. Fica apenas Zé-do-Burro no meio da praça, com as mãos sobre o ventre. Ele dá ainda um passo em direção à igreja e cai morto.

ROSA
(Num grito.) Zé! *(Corre para ele.)*

PADRE

(Num começo de reconhecimento de culpa.) Virgem Santíssima!

DELEGADO

(Para o Secreta.) Vamos buscar reforço. *(Sai seguido do Secreta e do Guarda.)*

O Padre desce os degraus da igreja, em direção do corpo de Zé-do-Burro.

ROSA

(Com rancor.) Não chegue perto!

PADRE

Queria encomendar a alma dele...

ROSA

Encomendar a quem? Ao Demônio?

O Padre baixa a cabeça e volta ao alto da escada. Bonitão surge na ladeira. Mestre Coca consulta os companheiros com o olhar. Todos compreendem a sua intenção e respondem afirmativamente com a cabeça. Mestre Coca inclina-se diante de Zé-do-Burro, segura-o pelos braços, os outros capoeiras se aproximam também e ajudam a carregar o corpo. Colocam-no sobre a cruz, de costas, com os braços estendidos, como um crucificado. Carregam-no assim, como numa padiola, e avançam para a igreja. Bonitão segura Rosa por um braço, tentando levá-la dali. Mas Rosa o repele com um safanão e segue os capoeiras. Bonitão dá de ombros e sobe a ladeira. Intimidados, o Padre e o Sacristão recuam, a Beata foge e os capoeiras entram na igreja com a cruz, sobre ela o corpo de Zé-do-Burro. O Galego, Dedé e Rosa fecham o cortejo. Só Minha Tia permanece em cena. Quando uma trovoada tremenda desaba sobre a praça.

MINHA TIA

(Encolhe-se toda, amedrontada, toca com as pontas dos dedos o chão e a testa.) Êparrei, minha mãe!

E O PANO CAI LENTAMENTE.

FIM

172

O Pagador de Promessas foi apresentado, pela primeira vez, no dia 29 de julho de 1960, no Teatro Brasileiro de Comédia, em São Paulo, com os seguintes intérpretes:

Zé-do-Burro / *Leonardo Vilar*
Rosa / *Natália Timberg*
Marli / *Cleyde Yaconis*
Bonitão / *Maurício Nabuco*
Padre Olavo / *Elísio de Albuquerque*
Sacristão / *Odavlas Petti*
Guarda / *Stênio Garcia*
Beata / *Amélia Bittencourt*
Galego / *Jorge Ovalle*
Minha Tia / *Jacyra Sampaio*
Repórter / *Altamiro Martins*
Dedé Cospe-Rima / *Jorge Chaia*
Secreta / *Moacyr Marchesi*
Delegado / *Marcello Bittencourt*
Mestre Coca / *Jean Thurret*
Monsenhor / *Sérgio Dantas*
Manuelzinho Sua-Mãe / *Batista Oliveira*
Roda de capoeira / *Assis — Ananias —
Vicente — Félix — João — Jorge.*

Direção de FLÁVIO RANGEL

Cenário e figurinos de CYRO DEL NERO

Impresso no Brasil pelo
Sistema Cameron da Divisão Gráfica da
DISTRIBUIDORA RECORD DE SERVIÇOS DE IMPRENSA S.A.
Rua Argentina 171 – Rio de Janeiro, RJ – 20921-380 – Tel.: 2585-2000

a maconha → marajuana
o haxixe → hash

"before I converted
    to Judaism,
someone stole a
    rosary from me
        in church"
    —Bill